Roy Hession

Nachricht,
die aufatmen läßt

Gute Botschaft
für »schlechte« Leute

Verlag
der Liebenzeller Mission
Bad Liebenzell

ISBN 3-88002-377-8

Aus dem Englischen übersetzt von Elisabeth Aebi
Umschlaggestaltung: Graf. Atelier Albrecht Arnold, Det-
tingen/Erms
Satz: Typo Schröder, Dernbach/Dierdorf
Herstellung: St.-Johannis-Druckerei, Lahr-Dinglingen
Printed in W.-Germany   25081

Inhalt

Vorwort

Der Untertitel »Gute Nachricht für ›schlechte‹ Leute« ist schockierend, und er soll es sein, schockierend, weil wir normalerweise annehmen, daß bei Gott für eine gute Nachricht nur gute Menschen in Frage kommen. Sich sagen zu lassen, daß Gott eine gute Nachricht für »schlechte« Leute hat, widerspricht allen unseren Erwartungen und klingt wie eine Verhöhnung unserer moralischen Wertbegriffe. Und dennoch: das Evangelium, das Jesus in die Welt gebracht hat, ist genau solch eine Botschaft. Wäre es nur für gute Menschen bestimmt, so wäre es überhaupt kein Evangelium. Denn in Gottes Augen gehört jeder von uns zu dieser Kategorie »... da ist keiner, der Gutes tut, auch nicht einer.« Was Gottes Botschaft zur guten Nachricht macht, ist die Tatsache, daß sie für schlechte Leute bestimmt ist. Somit kommen wir alle dafür in Frage.

Auf diese Definition des Evangeliums stieß ich vor Jahren in einem kleinen Traktat, geschrieben von einem damals sehr beliebten englischen Bibellehrer. Er hatte sie nicht besonders hervorgehoben, sie schien nur so nebenbei in einen Abschnitt hineingerutscht zu sein. Aber sie blieb seither in mir haften, und ich habe sie unzählige Male wiederholt – meine Zuhörer werden es bestätigen können. Denn damit wird sehr zutreffend erklärt, was die Gnade Gottes für uns Sünder bedeutet.

Auf den folgenden Seiten möchte ich näher auf einige der großen Worte des Evangeliums eingehen, die diese gute Nachricht in sich tragen. Ich hoffe, daß wir dabei entdecken werden, daß das Evangelium einerseits den

Verlorenen Rettung bringt, andererseits Erweckung für die Gemeinde Jesu bewirkt. Es ist Gottes Nachricht für »schlechte« Leute, selbst wenn diese »schlechten« Leute schon bekehrt sind. Ich weiß wohl, daß Christen nicht schlechte Leute sein sollten. Sie sollten niemals versagen oder auf einem niedrigen geistlichen Niveau leben. Aber Tatsachen sind nun einmal Tatsachen, und manchmal ist das doch genau unser Zustand, nicht wahr? Trotzdem kann keine Rede davon sein, daß Gott durch solches Schuldigwerden seiner Kinder mit seiner guten Nachricht für sie am Ende wäre. Im Gegenteil, sie gilt für alle Menschen in dieser Lage – wenn sie nur eingestehen wollen, wie schlecht sie im Grunde sind.

Was ist denn der Inhalt von Gottes guter Nachricht? Ein altes Kirchenlied sagt es so: »… Jesus Christus, der für dich hat gelitten, da er am Kreuz gestorben ist, hat er dir Heil erstritten. Besieget hat er Sünd und Tod…«

Wo diese Botschaft durch das Wirken des Heiligen Geistes Menschen im Innersten trifft, da bringt sie nicht nur den Verlorenen Heil, sondern sie weckt und befreit die Gläubigen wie nichts anderes. Wer freilich meint, die tieferen Segnungen dieser Nachricht könnten ihm erst zugute kommen, wenn er ein besserer Christ geworden sei, der wird sie nie erfahren. Denn es wird ihm nie gelingen, solch ein besserer Christ zu werden. Nein, die Botschaft von Gottes Gnade besteht darin, daß Gottes gute Botschaft mir, dem Sünder, gilt, wenn ich nur willig bin, in Demut zu bekennen: »Ich bin noch immer ein Sünder. Meine Taten und Reaktionen – und so manches andere in meinem Leben – beweisen es. Kann es wirklich für solch einen Menschen eine gute Nachricht geben?« Ja, aber wir müssen sie für uns persönlich in Anspruch nehmen.

So möge denn der Gott-Fernstehende auf diese Worte hören und Mut fassen – selbst für ihn ist Hoffnung vorhanden. Und der Christ möge nicht denken, er wisse das alles schon. So mancher geht daran zugrunde, daß er es versäumt, ständig neu auf die stets gültige gute Nachricht zu hören und sie für seine tiefsten Bedürfnisse in Anspruch zu nehmen.

Ich möchte Sie inständig bitten: Schließen Sie sich beim Lesen der nachfolgenden Seiten dem Gebet Jonas an, das er im Bauch des Fisches betete: »Und ich sprach: Ich bin von deinen Augen verstoßen; dennoch will ich fortfahren zu schauen nach deinem heiligen Tempel!«

Von deinen Augen verstoßen – so sah's tatsächlich aus. Aber in der selbstverschuldeten Ausweglosigkeit, in der Jona sich befand, sagte er, er wolle in Richtung zu Gottes heiligem Tempel hinschauen. Das war der Ort, von dem Gott als Antwort auf Salomos Tempelweihe-Gebet gesagt hatte: »Ich habe dieses Haus geheiligt, daß ich meinen Namen daselbst wohnen lasse ewiglich.«

Diesem Ort zugewandt sollten die Israeliten beten, wenn sie infolge ihrer Sünden in Not und Bedrängnis gerieten. Und Gott wollte vom Himmel her hören, ihre Sünden vergeben und ihre Situation ändern. Jona handelte in diesem Sinne. Ich kann mir vorstellen, wie er sich dort im Innern des Fisches gesagt haben muß: »Ich weiß nicht, in welcher Richtung Gottes Opferplatz liegt – ich habe hier unten jede Orientierung verloren. Aber ich will im Geist nach Gottes heiligem Tempel schauen und vertrauen, daß ich's richtig mache.« Die alte Verheißung galt noch immer, die Opfer, die in jenem Haus gebracht wurden, waren noch immer gültig, und Gott erhörte seinen reuigen Propheten, vergab ihm und rettete ihn aus seiner mißlichen Lage.

So möchte ich Sie denn bitten: Schauen Sie doch nochmals hin – nicht auf irgend eine neue oder frommere oder kompliziertere Formel für ein sieghaftes Leben. Blicken Sie vielmehr zu jenem alten Opferplatz hin, dem Kreuz auf Golgatha, und auf jenes alte Evangelium, das Sie so gut zu kennen glaubten und doch nicht auf die tieferen Bedürfnisse Ihres Lebens angewendet haben. Und vor allem: Blicken Sie auf Jesus selbst, der Herz und Mittelpunkt von allem ist.

»Wer Jesus am Kreuze im Glauben erblickt, wird heil zu derselbigen Stund.«

Vielleicht wenden Sie ein: »Aber ich habe doch schon hingeblickt, ich weiß, ich habe Leben aus Gott empfangen, ich bin seit Jahren ein Kind Gottes.« In diesem Fall, Bruder, Schwester, wagen Sie aufs neue einen Blick! Wenn Ihnen je zumute ist wie Jona: »Ich bin von deinen Augen verstoßen«, dann erinnern Sie sich auch daran: »Dennoch will ich ... schauen nach deinem heiligen Tempel.«

Noch etwas: Ich habe behauptet, dieses kleine Buch enthalte »einige große Worte des Evangeliums«. Es enthält jedoch nur einige *wenige* dieser großen Worte. Es sind noch so viele weitere, die hier miteingeschlossen sein könnten oder sollten. Sie werden hier jene großen Worte finden, die Gott mir in den letzten Jahren – nach lebenslangem Dienst der Verkündigung – in ein neues und erregendes Licht gestellt hat. Ich hoffe, daß diese wenigen genügen werden, damit auch ihr Herz neu zu singen beginnt.

Roy Hession

Gnade für Unwürdige

Auch ihr wart tot durch eure Übertretungen und Sünden, in denen ihr früher gelebt habt nach der Art dieser Welt, unter dem Mächtigen, der in der Luft herrscht, nämlich dem Geist, der zu dieser Zeit am Werk ist in den Kindern des Ungehorsams. Unter ihnen haben auch wir alle einst unser Leben geführt in den Begierden unsres Fleisches und taten den Willen des Fleisches und der Sinne und waren Kinder des Zorns von Natur wie auch die andern. Aber Gott, der reich ist an Barmherzigkeit, hat in seiner großen Liebe, mit der er uns geliebt hat, auch uns, die wir tot waren in den Sünden, mit Christus lebendig gemacht – aus Gnade seid ihr selig geworden –; und er hat uns mit auferweckt und mit eingesetzt im Himmel in Christus Jesus, damit er in den kommenden Zeiten erzeige den überschwenglichen Reichtum seiner Gnade durch seine Güte gegen uns in Christus Jesus. Denn aus Gnade seid ihr selig geworden durch Glauben, und das nicht aus euch: Gottes Gabe ist es, nicht aus Werken, damit sich nicht jemand rühme. Denn wir sind sein Werk, geschaffen in Christus Jesus zu guten Werken, die Gott zuvor bereitet hat, daß wir darin wandeln sollen (Eph 2, 1-10).

Ist's aber aus Gnade, so ist's nicht aus Verdienst der Werke; sonst wäre Gnade nicht Gnade (Röm 11, 6).

Gnade ist eine Eigenschaft Gottes, Teil des göttlichen Charakters. Er ist nicht nur ein liebender Gott; er ist auch ein gnädiger Gott. Und Gnade ist nicht dasselbe wie Liebe. Gnade ist der strahlendste Edelstein in Gottes Krone. Wie sollen wir »Gnade« definieren, diesen einmaligen Aspekt des göttlichen Charakters?

Ich finde, Gnade ist nichts anderes als die *unverdiente Liebe Gottes*. Die Betonung liegt auf »unverdient«. Wir haben gelesen: »Wenn aber aus Gnade, so nicht aus Werken.«

Sonst ist Gnade nicht mehr Gnade, das heißt *unverdiente* Liebe Gottes. Nur dann, wenn sich die Liebe Gottes einem Menschen zuwendet, der überhaupt nichts verdient hat, kann von *Gnade* gesprochen werden. Wenn Gott dich liebt, weil du es verdient hast, dann ist das nicht Gnade. Wenn jemand keine Liebe verdient hat und dennoch geliebt wird, dann ruft er aus: »Welche Gnade!«

Die Liebe Gottes kann mit dem Sonnenschein verglichen werden. Wie herrlich ist Sonnenschein! Er durchflutet alles mit Licht. Er macht alles schön. Aber es gibt etwas, was noch herrlicher ist: das ist der Regenbogen. Nicht wahr, der Regenbogen ist in Wirklichkeit Sonnenschein. Aber dieser Sonnenschein strahlt durch Regen hindurch. Er strahlt auf dem Hintergrund dunkler Gewitterwolken. Das Licht der Sonne wird durch den Regen aufgespalten in all die Farben, aus denen es besteht. So wird daraus etwas, das selbst den Sonnenschein an Schönheit übertrifft.

Wenn die Liebe Gottes auf Sünde und Leid eines Menschen scheint, auf sein Versagen und Verderben, wenn dieser Mensch sich immer noch geliebt weiß, wenn ihm bewußt wird: Gott hat mich nicht aufgegeben, sondern er hat Wunderbares mit mir vor, dann ist diese Liebe das, was wir *Gnade* nennen.

Nicht wahr, die Gnade Gottes ist noch wunderbarer als seine Liebe! Gott wird durch sie noch mehr verherrlicht.

So ist der Gott der Bibel. Der Gott der Gnade ist nicht nur der Gott des Neuen Testaments, sondern ebensosehr des Alten Testaments. Gott ist immer der Gott der

Gnade gewesen. Selbst als Gott wußte: die Menschen werden in Sünde fallen, fuhr er fort, sie zu lieben und plante ihre Erlösung. Es war immer ein Regenbogen um den Thron Gottes (Offb 4, 3). Das hat er deutlich gemacht am Berg Sinai, als Israel sich dem goldenen Kalb zugewandt hatte. Gott wollte das Volk zunächst vernichten. Aber Mose betete für Israel – und Gott vergab ihm. Hoch oben in den Bergen proklamierte Gott seinen Namen: *»Herr, Herr, Gott, barmherzig und gnädig...«* Diese Aussage wird im ganzen Alten Testament stets aufs neue wiederholt: »barmherzig und gnädig«!

Sieh dir diese beiden Wörter an: »barmherzig« und »gnädig«. Barmherzigkeit ist für Elende. Wo immer Gott Elend sieht, wird sein Herz von Barmherzigkeit bewegt. Aber er ist nicht nur barmherzig; er ist gnädig. Wenn das nicht so wäre, könntest du denken, seine Barmherzigkeit sei nur für besondere Leute da. Aber nein: seine Barmherzigkeit ist für die, die sie nicht verdient haben. Das ist Gnade. Stelle dir eine Wohltätigkeitsorganisation vor. Sie verfügt über Geldbeträge, mit denen sie Notleidenden helfen kann. Die Verantwortlichen dieser Organisation treffen sich von Zeit zu Zeit, um zu entscheiden, wem sie helfen wollen. Sie haben die verschiedensten Fälle vorliegen. Einige davon sind sehr traurig. Aber ich weiß, daß es *eine* Frage gibt, die sich die Kommission in jedem Fall stellt: Verdient diese Person die Hilfe? Unsere Fonds sind nur für Fälle, die einer Hilfe würdig sind. – So ist es bei unserem Gott nicht. Er fragt nicht nach der Würdigkeit. Seine Barmherzigkeit ist für Leute, die diese Barmherzigkeit nicht verdient haben. Er ist nicht nur barmherzig; er ist gnädig. Das war er allezeit. Darum wurde er innerlich bewegt, seinen Sohn dahinzugeben. Darum hat er ihn an das Kreuz der Schmach gesandt. Das mußte er nicht. Wir hatten kein Anrecht darauf. Er hätte uns lassen können, wie wir waren, verdammt und schuldig in unseren Sünden. Er hätte uns zur Hölle gehen lassen können. Und kein Engel des Himmels hätte ihm Ungerechtigkeit vorwerfen können. Denn wir alle haben nichts anderes verdient. Aber Gott hat für die Welt getan, was sie *nicht* verdient hat. Die Engel waren von Staunen ergriffen, als ihnen klar wurde, was Gott vorhatte. War es nicht die größte Gnadentat, die das Universum jemals gesehen hat?

Gibt es Väter unter uns oder Mütter, die einen kleinen Sohn haben? Stelle dir vor, du arbeitest unter Menschen – sagen wir unter Gastarbeitern. Du bringst ihnen das Evangelium, und du kannst in aller Demut sagen, daß du sie liebst. Aber liebst du sie genug, um deinen Sohn für sie zu geben? Was würdest du sagen, wenn einer von ihnen dieses kleine Leben antasten wollte? Du liebst sie nicht genug, um deinen Sohn für sie zu geben. Aber Gott! »Also hat Gott die Welt geliebt, daß er seinen eingeborenen Sohn dahingab.« Das ist die große grundlegende Tat der Gnade.

Doch Gott hat uns nicht nur seinen Sohn gegeben, sondern mit ihm auch alles übrige (Röm 8, 32). Und zwar auf derselben Grundlage: du hast es nicht verdient. Alles, was du brauchst, jetzt und für die Ewigkeit, alles ist aus Gnade – völlig unverdient. Der Christ ist berufen, unter der Gnade zu leben, wo seine persönlichen Vorzüge nicht zählen. Unter der Gnade ist die Tatsache, daß dir noch manches fehlt, kein Hindernis. Allerdings mußt du bekennen, was dir fehlt.

Ist das denn möglich: *kein Hindernis?*

Ein Zug war total überfüllt. Alle Wagen zweiter Klasse

waren voll, ebenso die Gänge. Es war ein sehr heißer Tag, es war sehr unbequem. Nur die Wagen erster Klasse waren leer. Der Zug hielt an einem Bahnsteig. Der Zugführer stieg aus und hatte Mitleid mit den Leuten. So rief er aus: »Wer eine Fahrkarte 2. Klasse hat, kann in der 1. Klasse Platz nehmen.« Wie schnell waren die 1.-Klasse-Wagen besetzt!

Das ist es, was die Gnade uns anbietet: einen Erste-Klasse-Sitz für zweitklassige Christen. Die 1.-Klasse-Wagen sind leer: es gibt keine 1.-Klasse-Christen. Und so ertönt die Botschaft der Gnade: »Ein Erste-Klasse-Platz für zweitklassige Christen!«

Freilich unter *einer* Bedingung: Du mußt deine »2. Klasse« zugeben. Das bist du nämlich: ein zweitklassiger Christ. Warum willst du es nicht zugeben?

Es ist doch gar nicht nötig, daß du zum Beispiel herumläufst und behauptest: »Ich allein bin im Recht, alle anderen haben unrecht!« Damit bringst du dich doch um den »Erste-Klasse-Platz«. Aber der Mensch, der demütig und aufrichtig genug ist, zu bekennen: »Ich bin nur ein Zweite-Klasse-Christ«, bekommt sogleich einen »Erste-Klasse-Platz«.

Das ist Erweckung. Gnade bringt zweitklassige Christen in die Stellung von »First-Class«-Christen. Alle bekennen: »Ich bin zweitklassig, kann ich Anwärter auf den Erste-Klasse-Platz werden?« Gewiß kannst du das! Durch das Blut Jesu Christi ist solch ein Platz für dich reserviert. Das einzige Hindernis war bisher, daß du deinen zweitklassigen Zustand nicht zugeben wolltest. Vielleicht hattest du ihn zwar vor Gott längst zugegeben, aber nicht vor deinen Mitchristen.

So ist die Botschaft der Gnade sehr ermutigend. Der Teufel hat es dir vielleicht schwer gemacht. Er hat dir vorgehalten: »Du bist ein zweitklassiger Christ! Du bist nicht so geistlich gesinnt wie die andern! Die kennen ihre Bibel besser als du, sie stehen schon viel länger im Glauben, sie haben viel mehr Sieg als du!« Wenn du das so hörst, kannst du auf den Gedanken kommen, der Teufel wäre ein Heiligungsprediger. Er ist *kein* Heiligungsprediger. Er will dir nur Angst und Minderwertigkeitskomplexe einreden. Aber du kannst den Spieß gegen ihn umdrehen. Du kannst sagen: »Teufel, du hast recht. Ich bin ein Zweite-Klasse-Christ. Aber die Gnade gibt mir einen Erste-Klasse-Platz, *weil* ich ein zweitklassiger Christ bin.« So überwindest du den Verkläger durch das Blut des Lammes. Und der Teufel fragt: »Wer hat dem Menschen das erzählt? Woher weiß er das?«

So bringt die Botschaft der Gnade die Antwort auf alle unsere Nöte. Wir leben nicht unter einem Gesetz, sondern unter der Gnade!

Und damit sind wir bei einem weiteren Begriff. Du kannst nicht über die Gnade sprechen, ohne ihr Gegenteil zu erwähnen. Im Neuen Testament ist »das Gesetz« immer wieder als Gegensatz zur Gnade herausgestellt.

Das Gesetz ist etwas, das Gott selbst eingebracht hat. Und es sieht so aus, als weise es uns in die entgegengesetzte Richtung. Unter dem Gesetz macht Gott die Beziehung der Menschen zu ihm von ihrem Gehorsam dem Gesetz gegenüber abhängig. Er sagt: »Tue dies, und du wirst leben! Wenn du versagst, mußt du sterben!« Diese Vereinbarung können wir Menschen sehr gut verstehen. Wir begreifen von Natur aus die Gnade nicht. Sie ist zu gut, um wahr zu sein. Aber das Konzept: Tue dein Bestes! das leuchtet uns ein. Wenn man darin Erfolg hat, muß das Verhältnis zu Gott in Ordnung kommen, nicht wahr?

Doch Gott hat uns das Gesetz nicht gegeben, weil er erwartet, daß wir seinen Forderungen entsprechen können. Nein, er hat das Gesetz gegeben, damit wir begreifen lernen, daß wir niemals imstande sind, es zu halten. Soviel du dich auch anstrengen magst, du wirst dem Gesetz niemals genügen können. Durch das Gesetz beweist dir Gott deine Unfähigkeit, es zu halten. Das müssen manche unter Tränen lernen. Aber Gott hat uns das Gesetz gegeben, um uns auf die Gnade vorzubereiten. Er hat alle anderen Wege versperrt, außer diesem einen. Das Gesetz ist ein »Zuchtmeister auf Christus hin« (Gal 3, 24). Obwohl uns diese Wahrheiten ziemlich geläufig sind, schlittern wir in unserem praktischen Leben doch immer wieder von der Gnade zum Gesetz. Selbst wenn wir von einer »neuen geistlichen Erfahrung« sprechen, einer Erfahrung der Erweckung, scheint es uns das Natürlichste zu sein, zum Gesetz zurückzukehren.

Du willst es einfach nicht wahrhaben, daß du, um »erweckt« zu werden, nichts tun mußt, als deine Zweitklassigkeit zuzugeben. Ich muß mich doch zuerst bewähren, dies und das tun! Und indem wir das tun, entfernt sich die Gnade mehr und mehr. Die »Erweckung« entschwindet unserer Reichweite. Dabei quälen wir uns doch so sehr ab!

Römer 4, 4 ist ein wichtiger Vers: »Dem aber, der mit Werken umgeht, wird der Lohn nicht aus Gnade zugerechnet, sondern aus Schuldigkeit.« Verstehst du den Vers? Mir war er lange unverständlich. Er sagt aus, daß ein Mensch, der kämpft und arbeitet, der versucht, den Lohn als Folge seines Tuns zu erhalten, Gott als seinen Schuldner ansieht. Wenn ich dies und jenes tue, wenn ich recht lange bete, wenn ich als Prediger sonntags sehr früh aufstehe und bete, dann schuldet mir der Herr einen mächtigen Segen im Gottesdienst. Was tut so einer? Er macht Gott zu seinem Schuldner. So geht er von einer Anstrengung zur anderen. Gott aber sagt: »Warum versuchst du, mich in eine Position zu bringen, wo ich dir einen Segen schulde?« Natürlich schaffst du das nie. Der Segen ist dir auf Grund der Gnade angeboten. Du aber versuchst, dir Gott als Schuldner zu verpflichten.

Wie qualifiziert man sich für all die Segnungen der Gnade Gottes?

Nicht dadurch, daß man versucht, sich Gott zum Schuldner zu machen. Der 35. Vers in Römer 11 ist ein Zitat aus dem Buch Hiob: »... wer hat ihm etwas zuvor gegeben, daß Gott es ihm vergelten müßte?« Gott wird es niemals zulassen, daß Menschen ihn in diese Position bringen. Was er für uns hat, das hat er auf der Grundlage der Gnade. Aber wie qualifizierst du dich dafür? Einfach dadurch, daß du ihm deine Bedürftigkeit, deine Nöte, deine Sünden bekennst. Versuche nicht, besser zu werden! Bekenne einfach, wie schlecht du bist! Selbst wenn du betest, versuchst du, dich besser zu machen, als du bist. Hör auf damit! *Konzentriere dich auf eines: Bekenne, wie schlecht du bist!* So, und nur so, wirst du ein Anwärter auf die Gnade Gottes, die von Golgatha fließt. Und Gott gibt dir seinen Frieden. Er stellt deine Beziehung zu ihm selbst wieder her. Er füllt dich mit seinem heiligen Geist.

Also: Anstatt Gott zu deinem Schuldner zu machen, bringe dein ganzes Elend zu dem Herrn Jesus. Sage ihm: »Ich begreife, du bist genau für Leute in meiner Verfassung da.« Und er antwortet: »Ja, du hast recht. Ich bin für Sünder da. Nichts schockt mich. Warum bist du nicht früher zu mir gekommen? Ich warte doch schon so lange darauf, dich zu deinem Erste-Klasse-Platz zu führen!«

Ein Mensch, der *so* die Gnade erfahren hat, wirkt und arbeitet für Jesus; nicht, damit er den Segen bekommt, sondern weil er den Segen bei dem Herrn Jesus gefunden hat.

Ich könnte viele Beispiele nennen, wie ich versucht habe, Gott zu meinem Schuldner zu machen. Aber das waren schlimme Erfahrungen. Ein eherner Himmel war über mir. Aber dann erlebte ich, wie es ist, wenn man als Schuldner zu Jesus kommt. Da habe ich die Gnade empfangen, die ich niemals verdient hatte. So können wir leben.

Versöhnung für Feinde

Das Evangelium ist viel mehr als nur ein guter Rat. Gute Ratschläge kommen oft zu spät. Was ist zum Beispiel mit folgendem Rat: »Schließ die Stalltür gut zu!« nachdem das Pferd weggelaufen ist?

Das Evangelium ist nicht solch ein »guter Rat«. Wäre es das, so würde es nichts anderes bedeuten, als daß Salz in eine Wunde gerieben wird. *Das Evangelium ist gute Nachricht!* Selbst wenn du den Stall leer vorfindest, es ist immer noch gute Botschaft für dich. Es ist gute Nachricht für schlechte Menschen. Gewöhnlich gilt gute Nachricht guten Menschen. Aber die Bibel sagt: Gute Menschen gibt es nicht. »Da ist keiner, der Gutes tue, nicht einer!«

Das Evangelium ist gute Botschaft für schlechte Menschen

Das ist genau das Gegenteil von dem, was wir im allgemeinen annehmen. Vielleicht dachtest du bis zu diesem Augenblick: Es ist eine gute Nachricht für gute Leute. Und du hast dich angestrengt, dich selbst gut genug zu machen. Und nun bist du völlig entmutigt, weil du es nicht geschafft hast. Welch herrliche Befreiung ist es, wenn wir die gute Botschaft hören, die uns Jesus gebracht hat! Das gilt den Gläubigen ebenso wie denen, die noch verloren sind. Wir werden durch dieses Evangelium nicht nur gerettet, wir können dadurch leben. Ich würde es nicht wagen, Gottes Wort zu verkündigen, wenn das Evangelium nicht das wäre, was es ist: Gute Botschaft für Sünder.

Wir kennen nur zu gut unsere Armut, unsere Nöte. Aber wir möchten es jeden, der diese Zeilen liest, wissen lassen: wir leben von der überwältigend guten Nachricht für schuldige Menschen. Jesus begegnet in überströmender Gnade den Nöten solcher Menschen, wie ich einer bin.

Gott aber erweist seine Liebe zu uns darin, daß Christus für uns gestorben ist, als wir noch Sünder waren. Um wieviel mehr werden wir nun durch ihn bewahrt werden vor dem Zorn, nachdem wir jetzt durch sein Blut gerecht geworden sind! Denn wenn wir mit Gott versöhnt worden sind durch den Tod seines Sohnes, als wir noch Feinde waren, um wieviel mehr werden wir selig werden durch sein Leben, nachdem wir nun versöhnt sind. Nicht allein aber das, sondern wir rühmen uns auch Gottes durch unsern Herrn Jesus Christus, durch den wir jetzt die Versöhnung empfangen haben (Röm 5, 8-11).

Daher kennen wir von nun an niemand mehr nach dem Fleisch; und auch wenn wir Christus gekannt haben nach dem Fleisch, so kennen wir ihn doch jetzt so nicht mehr. Darum: Ist jemand in Christus, so ist er eine neue Kreatur; das Alte ist vergangen, siehe, Neues ist geworden. Aber das alles von Gott, der uns mit sich selbst versöhnt hat durch Christus und uns das Amt gegeben, das die Versöhnung predigt. Denn Gott war in Christus und versöhnte die Welt mit sich selber und rechnete ihnen ihre Sünden nicht zu und hat unter uns aufgerichtet das Wort von der Versöhnung. So sind wir nun Botschafter an Christi Statt, denn Gott ermahnt durch uns; so bitten wir nun an Christi Statt: Laßt euch versöhnen mit Gott! Denn er hat den, der von keiner Sünde wußte, für uns zur Sünde gemacht, damit wir in ihm die Gerechtigkeit würden, die vor Gott gilt (2. Kor 5, 16-21).

... und er durch ihn alles mit sich versöhnte, sei es auf Erden oder im Himmel, indem er Frieden machte durch sein Blut am Kreuz. Auch euch, die ihr einst fremd und feindlich gesinnt wart in den bösen Werken, hat er nun versöhnt durch den Tod seines sterblichen Leibes, damit er euch heilig und untadelig und makellos vor sein Angesicht stelle (Kol 1, 20-22).

Hier haben wir den großen und wichtigen Begriff *Versöhnung*. Das ist nicht nur eine theologische Vokabel. Das Wort wird in der Alltagssprache, in alltäglichen Situationen benutzt. Die Bedeutung ist dieselbe, ob es im Alltäglichen oder als theologischer Fachbegriff verwendet wird.

Da sind ein Vater und sein Sohn, die keine gute Beziehung zueinander haben. Der Sohn hat sich dem Vater gegenüber verschlossen, und der Vater hat sich dem Sohn gegenüber verhärtet. Es ist uns klar, sie müssen sich versöhnen. Wir wissen alle, was das bedeutet. Im Neuen Testament bedeutet es dasselbe. Genauso, wie Vater und Sohn versöhnt werden müssen, muß der Mensch mit Gott versöhnt werden.

Da ist ein Ehepaar, dessen Beziehung zerbrochen ist. Sie freuen sich nicht aneinander, und sie leben, als gingen sie einander nichts an. Wir sagen, sie müssen sich versöhnen. So verstehen wir das Wort in alltäglichen Situationen. Genauso versteht es das Neue Testament, wenn es sagt, daß Menschen mit Gott versöhnt werden müssen.

Mehr als sonst irgendwo ist zwischen der Menschheit und Gott Versöhnung notwendig. Es hat nämlich ein schrecklicher Bruch in ihrer Beziehung zueinander stattgefunden. Das hat wohl auch der eine oder andere Leser dieser Zeilen persönlich erlebt. Darum mußt du mit Gott versöhnt werden. Doch selbst ohne solch eine bestimmte Erfahrung sind wir Teil der Menschheit, an die der Ruf ergeht: »Laßt euch versöhnen mit Gott!«

In der Textstelle aus Römer 5 lasen wir: »Christus ist für uns gestorben, als wir noch Sünder waren.« Und dann heißt es sogar: »... als wir noch Feinde waren...« So ist der Mensch offenbar nicht nur ein Sünder, sondern ein Feind Gottes. Als Sünder muß er seine Handlungen verantworten. Doch sind es in erster Linie nicht seine Handlungen, sondern seine Haltung, die ihn zum Feind macht.

Wenn wir von Versöhnung reden, reden wir von der Haltung des Menschen. Diese Haltung ist Gott gegenüber feindlich. Das reicht viel weiter als einzelne sündige Handlungen. Der Mensch ist mit Gott verfeindet. *Darum* geht es bei der Versöhnung – um diese tiefe Entzweiung von Mensch und Gott!

Laßt mich beschreiben, wie es zu dieser Feindschaft kam. Es war im Garten Eden, nachdem der Mensch seine erste Sünde begangen hatte. Augenblicklich hatte er ein schlechtes Gewissen. Und dieses schlechte Gewissen gab ihm das Gefühl, daß Gott gegen ihn war. Jeden Abend kam Gott in den Garten, um Gemeinschaft mit den Menschen zu haben. Aber an dem Abend freuten sich Adam und Eva nicht auf diese Stunde. Und als Gott kam, fand er die Menschen nicht. Er rief: »Adam, wo bist du?« Und Adam sagte zu seiner Frau: »Siehst du, er ist jetzt *gegen* uns! Er will uns strafen für das, was wir getan haben! Komm, wir verstecken uns vor ihm hinter den Bäumen!«

So war es das schlechte Gewissen Adams, das ihm eingab, Gott sei gegen ihn.

Gott erschien ihm als Feind und nicht mehr als Freund. Und weil er dachte, Gott wäre gegen ihn, stellte er sich gegen Gott. Und er fing an, dementsprechend zu handeln. Dadurch verfestigte sich der Gedanke noch mehr, daß Gott gegen ihn sei. Und weil er nun gegen Gott stand, glaubte er, Gott müsse noch entschiedener gegen ihn stehen. Das erregte mehr und mehr seinen Trotz gegen Gott.

»Was denkt Gott jetzt über mich? Er ist noch härter mir gegenüber. Und weil er härter mir gegenüber ist, werde ich mich ihm gegenüber ebenfalls mehr und mehr verhärten!« Die Beziehung zu Gott hat sich gleichsam wie eine Spirale zunehmend verschlechtert.

So ist es auch mit uns. Ein schlechtes Gewissen verursacht in uns das Gefühl, daß Gott gegen uns ist. Denn wir sagen uns: Wenn die Menschen um uns her wüßten, was ich getan habe, wären sie bestimmt gegen mich. Folglich muß auch Gott gegen mich sein. Das veranlaßt mich umso mehr, gegen Gott zu sein. Und dann fange ich an, dementsprechend zu handeln. Ich lasse mich gehen. Dadurch wächst in mir das Gefühl: Jetzt ist Gott immer mehr gegen mich. Und dadurch verschließe ich mich immer mehr gegen ihn. Und meine Taten werden immer böser.

Selbst wenn der Herr mir diese oder jene Freundlichkeit erweist, wenn er ruft: »Adam, wo bist du?« bin ich völlig überzeugt: da lauert ein Feind auf mich. Was bedeutet es mir, wenn Christen behaupten, Gott sei ein Gott der Liebe, oder wenn sie bezeugen: »Welch Glück ist's, erlöst zu sein«? Ich sage mir: »Aber gegen *mich* ist er trotzdem! Er will mich durch diese Aussagen nur noch elender machen. Darum muß ich Menschen, die von einem Geist der Liebe reden, auf jeden Fall meiden.« Welch ein Teufelskreis!

Eine Tante von mir starb an Krebs. Während sie im Sterben lag, sagte sie: »Gott bestraft mich für meine heimliche Treulosigkeit gegen meinen Mann!« Sie war überzeugt, daß Gott gegen sie war. Bestimmt konnte sie sich nicht darauf freuen, zu ihm zu kommen. Ja, der Gedanke daran wurde ihr mehr und mehr zur Qual. Aber *was Menschen über Gott denken, stimmt nicht!* Die große Wahrheit des Evangeliums ist, daß Gott *nicht gegen den Sünder* ist. All die schrecklichen Sünden der Menschheit haben es nicht fertiggebracht, uns Gott zum Feind zu machen. Er liebt den Sünder immer noch! Und wenn der Sünder durch die Gnade in wunderbarer Weise erneuert wird, kann Gott ihn doch nicht mehr lieben, als er es jetzt schon tut. Es ist wahr, Gott ist durch den Garten gegangen und hat gerufen: »Adam, wo bist du?« Aber das war nicht der Ruf eines Polizisten, der einen Verbrecher sucht. Es war der Schrei eines Vaters, der seinen Sohn verloren hat. Adam hat es falsch verstanden. Gott war *für* ihn. Adam hatte es nicht nötig, sich zu verstecken. Das ist die große Botschaft des Evangeliums: *Gott ist nicht gegen die Sünder!* Wenn er gegen uns gewesen wäre, hätte er dann getan, was er getan hat, hätte er seinen Sohn gegeben?

Und doch denken fast alle, Gott wäre gegen uns. Manchmal werde ich zum Essen eingeladen. Dann kommt es vor, daß die Gastgeberin sagt: »Mein Sohn ist noch kein Christ, bitte passen Sie auf, was Sie zu ihm sagen, damit er nicht abgestoßen wird!« Warum ist er so empfindlich? Weil er denkt, Gott wäre gegen ihn. Aber das stimmt nicht. *Die ganze Feindschaft geht nur vom Menschen aus!* Gott tut alles, um uns zu ihm zurückzubringen. Auch alle schmerzlichen Erfahrungen sind nichts anderes als Heimsuchung. Denke doch nicht, daß diese traurigen Erfahrungen Strafen sind! Gottes Absicht damit ist nicht Strafe, sondern ausschließlich und immer Wiederherstellung. Hinter der strengen Züchtigung leuchtet immer ein liebendes Angesicht. Auch wenn du der denkbar schlechteste Kerl wärest, wirst du von ihm geliebt.

Der Beweis dafür liegt in der außergewöhnlichen Art und Weise, *wie* Gott diese Versöhnung anbietet. Es ist wahr, daß Gott von Ewigkeit her *gegen die Sünde* ist. Es ist wahr, daß Gott den Engel mit dem flammenden Schwert an das Tor des Gartens gestellt hat. Es war seine Gerechtigkeit, die das Schwert dahin verfügt hat. »Die Seele, die sündigt, muß sterben!« Aber mehr als alles andere will Gott die Versöhnung des Menschen mit ihm selbst.

Da gab es aber zwei große Schwierigkeiten: Wie kann der Gerechtigkeit Genüge getan werden? und: Wie kann die verkehrte Denkweise des Menschen überwunden werden?

Gottes Liebe zu den Menschen fand einen Weg. Wir haben gelesen: »Wir sind mit Gott versöhnt durch den Tod seines Sohnes!« Gott selbst hat die Initiative ergriffen. In einem Streit zwischen zwei Menschen kann es keine Versöhnung geben, ehe die verkehrten Dinge nicht in Ordnung gebracht worden sind. Der, der falsch gehandelt hat, muß den Fehler aus der Welt schaffen. Nicht der, der richtig gehandelt hat, muß den Fehler in Ordnung bringen, sondern der, der gefehlt hat. Aber bei dem Streit zwischen Menschen und Gott liegen die Dinge völlig anders. Während allein der Mensch der schuldige Teil ist, ist es doch Gott, der die Sache in Ordnung bringt, Gott, dem gegenüber der Mensch schuldig geworden ist. Wer hat je so etwas gehört? Der Gläubiger ergriff die Initiative. Er tat es, indem er in der Person Jesu Christi in unsere Zeit hereinkam.

Er trug das Kreuz auf den Hügel Golgatha hinauf. Er ließ sich daran festnageln. Zum Tod am Kreuz wurden nur Verbrecher verurteilt. Nicht Gott war der Verbrecher, sondern der Mensch. Aber Jesus nahm dessen Stelle ein. Es war, als sagte Gott: »Wenn der Mensch nicht bereit ist, die Schuld auf *sich* zu nehmen, werde ich sie auf *mich* nehmen.« So gibt sich Gott dahin!

Der Heilige Geist möchte uns diese Tatsache vor Augen stellen. Er möchte sie der ganzen Welt vor Augen stellen. *Ist Gott wirklich gegen uns? Handelt jemand, der gegen uns ist, auf solche Weise?* Er hat deine Schande auf sich genommen.

Wir haben gelesen: »Gott war in Christus und versöhnte die Welt mit sich selbst.« Hast du bemerkt, was weiter da steht? »... er rechnete ihnen ihre Übertretungen nicht zu.« Im allgemeinen denken wir, daß Gott uns unsere Übertretungen sehr wohl zurechnet. Das Kreuz sagt uns, daß das nicht stimmt. Er rechnete unsere Übertretungen seinem Sohn zu. Und ich kann frei ausgehen. Mein Widerstand gegen ihn ist grundlos.

Du fragst: Aber was ist mit dem Schwert der Gerechtigkeit? Das Schwert wurde in den Leib Jesu gestoßen. Der Gerechtigkeit ist Genüge getan.

So bin *ich gegen* Gott, während er *für mich* ist. Er hat mich die ganze Zeit hindurch geliebt. Er hat mich nicht beschuldigt. Er hat die Schuld auf seinen Sohn gelegt. Wenn ein Mensch das erkennt, weiß er nicht mehr, was er tun soll. Sein Herz zerschmilzt.

Ihr, die ihr das Evangelium predigt, prüft euch, ob ihr das Kreuz verkündigt! Verkündigt es in dieser tieferen Bedeutung! Und die Menschen werden zerschmelzen, wenn sie *diese Liebe* erkennen.

Nichts wird uns und andere gründlicher in eine neue und tiefe Buße führen, als wenn wir neu erkennen, was das Kreuz für uns bedeutet. Und wir werden sagen: »Herr, ich bin der Verbrecher, nicht du!« Vielleicht hast du das bisher noch niemals ausgesprochen. Vielleicht hast du gesagt: »Gott hat unrecht; ich habe recht!« Aber unter dem Kreuz sagst du: »Gott, du hast recht, ich habe unrecht!«

Ein Freund von mir bezeugte: »Wo keine Erweckung ist, hat jeder recht; aber wenn der Herr Jesus Erweckung bringt, dann hat jedermann unrecht. Wir lernen erkennen, was Golgatha für uns bedeutet.«

Bist du mit Gott versöhnt? Brauchst du eine tiefere Versöhnung? Vielleicht mußt du mit seiner Führung versöhnt werden, weil du gegenwärtig so viel Schweres und Trauriges durchmachst. So hat sich bei dir die Vorstellung eingeschlichen, daß Gott gegen dich sein muß, daß er dich für deine Sünden bestraft, ja, daß deswegen all das über dich gekommen ist. Und weil du findest, Gott sei hart gegen dich, verhärtest du dich gegen ihn, und dein Herz rebelliert. Vielleicht brauchst du eine tiefere Versöhnung mit ihm. Das Kreuz bezeugt dir, daß er dich noch immer liebt. Er rechnet dir deine Übertretungen *nicht* zu. Fange an, ihm all die bitteren Gedanken zu bekennen, die du gegen ihn hegst. Bekenne ihm, daß du zuzeiten seine Liebe verkannt hast.

Vergiß aber nicht: unsere Willigkeit, uns mit Gott versöhnen zu lassen, ist begrenzt durch unsere Willigkeit, uns mit unserem Bruder zu versöhnen. Wenn du dich mit deinem Bruder nicht versöhnen willst, wirst du diese Botschaft abtun als etwas, das nur denen gilt, die noch nicht gläubig sind.

Bekenne Gott deine Unversöhnlichkeit. Dann wirst du ihn preisen können für seine Versöhnung, die deine Beziehung zu ihm *und* zu deinen Mitmenschen völlig verändert hat.

Vergebung für Schuldige

Das Wort ist uns geläufig. In dem uns bekannten Glaubensbekenntnis ist es nur kurz erwähnt. Und doch geht es dabei um das größte Wunder, das es gibt: Gott ist bereit, dem Sünder zu vergeben!

Das ist alles andere als selbstverständlich. Die Engel jubeln darüber.

Wer ist ein Gott wie du, der die Sünde vergibt und die Übertretung dem Rest seines Erbteils erläßt, der seinen Zorn nicht allezeit festhält, sondern Lust an der Gnade hat (Mi 7, 18).

Welch ein Gott!

Er vergibt Sünde. Wer hat mehr Freude an der Gnade als er? Aber ich fürchte, daß wir die Vergebung als etwas Selbstverständliches hinnehmen. Wir sagen, dafür ist Gott ja da, daß er uns die Sünden vergibt. Ist das nicht schrecklich? Vergebung ist das Herrlichste, was Gott tut, das Kostbarste. Wir dürfen die Vergebung niemals als etwas Selbstverständliches betrachten. Wir sollten sie mit zitternder Freude aus seinen Händen in Empfang nehmen.

Vergebung zu empfangen verpflichtet uns, nun unsererseits unserem Nächsten zu vergeben. Und so wie es unseren Gott viel gekostet hat, uns zu vergeben, kann es auch uns manchmal viel kosten, unserem Bruder zu vergeben. Wir sprechen hier nicht von jener Art Vergebung, die ein Schulleiter seinem Schüler zuteil werden läßt, der etwas ausgefressen hat. Dieser Schüler wird in das Büro des Rektors geschickt. Er steht zitternd vor dem Mann. Auf dem Tisch liegt die Rute. Der Junge hat Angst. Er hat etwas Böses getan. Als der Schulleiter ihn so dastehen sieht, trifft er eine Entscheidung: ich werde ihm vergeben. *Das* ist nicht die Vergebung, von der wir miteinander reden wollen. Dieser Akt der Vergebung hat den Schulleiter *nichts gekostet.*

Ich hatte einmal ein solches Erlebnis. Ich war einer der älteren Schüler. Da habe ich mich in gewisser Weise eines Betrugs schuldig gemacht. Als der Lehrer die Hefte korrigierte, merkte er, daß ich betrogen hatte. Am nächsten Tag sagte er: »Es ist ein Junge in unserer Klasse, der betrogen hat.« Als der Lehrer das sagte, dachte ich: »Ich kann doch nicht der einzige gewesen sein, das machen die andern doch auch.« Aber er sagte: »*Ein* Junge hat das getan! Und ich möchte, daß dieser eine Junge zu mir kommt und es zugibt.« Ich dachte: »Ich werde mich jedenfalls nicht melden!« Aber mir wurde sehr elend zumute. Jeden Morgen sagte der Lehrer: »Dieser *eine* Junge war noch nicht bei mir!« Und dann kam der Tag, an dem ich sehr langsam den Korridor entlang zu seinem Studierzimmer ging. Ich klopfte an die Tür. Er sagte: »Herein!« Ich fragte: »War ich es?« Er sagte: »Du weißt jedenfalls genau, ob du es warst. Du solltest es mir sagen!« Ich antwortete: »Ich bin's gewesen!« Er sagte: »Das ist eine schwerwiegende Angelegenheit für einen der älteren Schüler! Dafür müssen wir dich von der Schule weisen. Aber ich habe beschlossen, ich werde dir vergeben.« Für diesen Lehrer habe ich in der Folge mehr gearbeitet als für jeden anderen. Und ich habe Prüfungsergebnisse gehabt, die mir niemand zugetraut hatte.

So wundervoll diese Vergebung für mich war – das ist nicht die Vergebung, von der wir heute sprechen. Diese Vergebung hat den Mann nichts gekostet. Es hat mich eine Menge gekostet, hinzugehen und zu bekennen.

Aber ihn hat es nichts gekostet. Das ist nicht die Vergebung, wie Gott sie uns schenkt. *Ihn hat es alles gekostet, uns vergeben zu können.*

Manchmal macht es uns Not, unsere Sünden zu bekennen. Aber das ist gar nichts im Vergleich zu dem, was es ihn gekostet hat, uns zu vergeben. Und wenn er vergibt, vergibt er völlig, ohne daß noch irgendein restlicher Schuldposten übrigbleibt, den wir abstottern müßten.

Darum gleicht das Himmelreich einem König, der mit seinen Knechten abrechnen wollte. Und als er anfing abzurechnen, wurde einer vor ihn gebracht, der war ihm zehntausend Zentner Silber schuldig. Da er's nun nicht bezahlen konnte, befahl der Herr, ihn und seine Frau und seine Kinder und alles, was er hatte, zu verkaufen und damit zu bezahlen... Da hatte der Herr Erbarmen mit diesem Knecht und ließ ihn frei, und die Schuld erließ er ihm auch. Da ging dieser Knecht hinaus und traf einen seiner Mitknechte, der war ihm hundert Silbergroschen schuldig; und er packte und würgte ihn und sprach: Bezahle, was du mir schuldig bist! Da fiel sein Mitknecht nieder und bat ihn und sprach: Hab Geduld mit mir; ich will dir's bezahlen. Er wollte aber nicht, sondern ging hin und warf ihn ins Gefängnis, bis er bezahlt hätte, was er schuldig war. Als aber seine Mitknechte das sahen, wurden sie sehr betrübt und kamen und brachten bei ihrem Herrn alles vor, was sich begeben hatte. Da forderte ihn sein Herr vor sich und sprach zu ihm: Du böser Knecht! Deine ganze Schuld habe ich dir erlassen, weil du mich gebeten hast; hättest du dich da nicht auch erbarmen sollen über deinen Mitknecht, wie ich mich über dich erbarmt habe? Und sein Herr wurde zornig und überantwortete ihn den Peinigern, bis er alles bezahlt hätte, was er ihm schuldig war (Mt 18, 23-25; 27-34).

Manche denken, daß Gott die schlechten Taten der Menschen allzu ernst nimmt, daß er sie aufbauscht. Schließlich ist er doch so groß, so erhaben! Was können ihm unsere kleinen Übertretungen schaden? Tatsächlich dachte Hiob in den Tagen seines Elends so. In Hiob 7 Vers 20 sagt er: »Habe ich gesündigt, was tue ich dir damit an, du Menschenhüter?«

Warum nimmt es Gott so genau mit mir? Warum gibt er dermaßen acht auf meine Sünden? »Wenn ich gesündigt habe, was tue ich *dir an...?*« Falls wir dazu neigen, in dieser Weise zu denken, dann wissen wir noch nicht genau, was Sünde wirklich ist. Darum können wir nicht schätzen, was Vergebung der Sünden ist. Sündigen ist nicht nur das Brechen des Gesetzes Gottes. Es ist immer auch ein Aufbegehren gegen das Recht Gottes, Gesetze zu erlassen. Sünde ist Gesetzlosigkeit. Sie fordert Gott selbst heraus, stellt sein Herrscherrecht in Frage. So ist Sünde tatsächlich ein persönlicher Angriff auf Gott. Darum stellt Gott einen Wiedergutmachungsanspruch an den Sünder.

Wenn ein Autofahrer fahrlässig deinen Gartenzaun umfährt, wirst du von diesem Mann Schadenersatz fordern. Und weil Gott einen so großen Schaden durch unsere Sünde erlitten hat, fordert er von uns Wiedergutmachung. Aber wie wollen wir diesen Schaden begleichen? Wir können es nicht, weil wir nichts zum Bezahlen haben. Und so laufen wir herum mit einer Schuld, die wir nicht bezahlen können. Ein Sünder ist ein hilfloser Schuldner. Das war die Lage des Dieners im Gleichnis. Er hatte die Finanzen des Königs und des Königreichs mißbraucht. Eine riesige Schuld war angewachsen. Der König mußte ihn auffordern, die Schuld zu erstatten. Aber er hatte nichts, um sie zu bezahlen. Das ist nun einmal der Vergleich, den Gottes Wort selbst uns zeigt: Sünde ist dargestellt als eine Schuld, der Sünder als der Schuldner. Unsere Evangeliumslieder verwenden oft dieses Bild. Schon im menschlichen Bereich ist es etwas Schlimmes, Schulden zu haben, die man nicht bezahlen kann. Das lastet auf der ganzen Familie. Das ist die Lage des Sünders.

In dem Gleichnis hatte der König drei Möglichkeiten: Erstens konnte er befehlen, daß der arme Schuldner als Sklave verkauft würde. Das würde nicht viel Geld einbringen, aber immerhin etwas. Wäre das nicht eine schreckliche Lösung des Problems gewesen?

Es gab eine zweite Möglichkeit: Man könnte ihm Zeit geben, die Schuld zurückzuzahlen. Daran hatte der Schuldner selbst gedacht. Wenn er von seinem Wochenlohn zurückzahlen wollte – wie lange hätte er zu zahlen? So lange würde er niemals leben!

Aber da gab es noch eine dritte Möglichkeit: Der König hatte Mitleid mit dem Knecht und seiner kleinen Familie. So entschied er sich für die dritte Möglichkeit: ihm zu vergeben.

War das nicht sehr großzügig? Ganz gewiß hatte der Diener eine so großherzige Behandlung nicht erwartet. Das bedeutete, daß er augenblicklich völlig frei war. Aber für den König war diese Lösung keinesfalls die einfachste. Sie bedeutete, daß er seinen Anspruch gegenüber diesem Knecht aufgeben mußte. Er mußte den Verlust selbst tragen. Es war ein großer Verlust. Irgendwer hat einmal ausgerechnet, daß es sich um 2 000 000 Dollar gehandelt habe. Wenn er sich entschied, dem Mann zu vergeben, entschied er sich dafür, den Verlust zu erleiden. Und dieser Verlust würde ihn möglicherweise ruinieren, ihn in Armut stürzen. Aber sein Erbarmen mit der traurigen kleinen Familie war so groß, daß er es wagte. Und die Familie ging frei aus.

Auch wir stehen als bankrotte Schuldner vor Gott. Und Gott hat dieselben drei Möglichkeiten. Er könnte uns aus seiner Gegenwart verbannen und uns zur Hölle schicken, und kein Engel im Himmel könnte ihm Ungerechtigkeit vorwerfen. Das haben wir verdient. Aber Gott hat kein Gefallen am Tod des Sünders. Die zweite Möglichkeit ist, uns Zeit zu geben, unser Leben zu bessern. Dieser Vorschlag kommt von unserer Seite. »Gib mir Zeit, und ich werde mich bessern! Und wenn ich dann besser und besser geworden bin, werde ich eines Tages in der Lage sein, die Schuld abzubezahlen.« Du wirst niemals gut genug werden, die Schuld abzuzahlen. Selbst wenn du von heute an nie mehr sündigen solltest, bliebe doch immer noch die alte Schuld von früher.

Gott hat eine dritte Möglichkeit: Er vergibt uns frei und völlig. Ist das nicht zum Staunen?

Aber es ist keine einfache Lösung für Gott. Es bedeutet, daß Gott auf seine Ansprüche dem Sünder gegenüber verzichten muß. Er selbst muß für den Verlust aufkommen. Wenn er uns vergibt, daß wir ihn verachtet und aus unserem Leben verbannt haben, dann heißt das, daß er sich damit abfindet. Welch eine Demut kommt uns da aus dem Herzen Gottes entgegen!

Wenn Gott einem Menschen seine Sünden vergibt, dann ist das das Demütigste, was Gott tun kann. Er gibt seinen Anspruch auf Rückerstattung auf. Er findet sich damit ab, daß wir ihn so behandelt haben, wie wir es taten. Er findet sich damit ab, den Verlust selbst zu tragen. Und damit er diesen Verlust wirklich tragen, sichtbar tragen konnte, sandte er seinen Sohn auf die Erde, nach Golgatha.

Was geschah am Kreuz?

Gott erlitt da den Verlust, damit er uns vergeben konnte. Jesus bezahlte die Schuld, die wir nicht bezahlen konnten, unsere Schuld. Wir hatten keine Hoffnung. In diese Hoffnungslosigkeit hinein sandte Gott seinen Sohn. In ihm bezahlte Gott die Schuld. Meine Schuld.

So können wir nun der ganzen Welt die herrliche Botschaft ausrichten: »Die alte Schuld ist längst beglichen. Gott bietet jedem Sünder Vergebung an. Gott verlangt von uns gar nichts; gar nichts, außer daß wir unsere Sünden bekennen. Es geht weniger darum, Vergebung zu erbitten, als unsere Sünden einzugestehen. Denn die Vergebung wartet schon auf uns!« Manchmal ist es allerdings leichter, um Vergebung zu bitten, als die Sünden beim Namen zu nennen. Aber wenn du es tust, darf ich dir sagen: Die alte Rechnung ist beglichen! Du brauchst nichts zu bezahlen. Gott hat *alles* bezahlt!

Wenn du Vergebung deiner Schuld bekommst, erhältst du das Wertvollste, was es im ganzen Universum gibt. Und Gott nötigt dich, es anzunehmen. Welch ein großes Wort ist dieses Wort *Vergebung!* Es befreit unseren Geist.

Du hast dem deine Schuld bekannt, gegen den du gesündigt hast. Aber dann wird dir bewußt: Gott ist ja nicht der einzige, gegen den ich schuldig geworden bin! Es gibt Fälle, in denen du auch Menschen gegenüber etwas bekennen mußt.

Du sagst: Das kommt mir sehr schwierig vor! Warum soll der andere wissen, wie sehr ich mich gegen ihn versündigt habe? Ist das dein Problem? Mach dir keine Sorgen! Sieh zu, daß du zuerst Gott gegenüber Buße tust, daß du erfährst, wie Gott deine Sünde sieht. Dann wirst du Vergebung empfangen.

Manche machen sich Sorgen über das Bekennen, ehe sie überhaupt Buße getan haben. Aber wenn du wirklich gelernt hast, deine Sünde mit Gottes Augen zu sehen, wenn du sagst: »Gott, du hast recht, ich unrecht«, dann wird er dich leiten, jedes Bekenntnis abzulegen, das er von dir verlangt. Er schenkt die richtigen Gelegenheiten, die richtige Art und Weise – manchmal nicht sofort, weil wir sonst mit unserem Bekenntnis mehr verwunden als heilen würden. Das Wichtigste ist, daß die Sache mit Gott in Ordnung kommt. Dann brauchst du sie nicht mehr zu tragen. Und er wird dir zeigen, wie und wo etwas mit anderen in Ordnung zu bringen ist.

Laßt uns noch praktischer werden. Bisher haben wir die Vergebung von Gottes Standpunkt aus betrachtet: Was bedeutet es für ihn, zu vergeben?

Sehr bald könntest du aber selbst in der gleichen Position einem deiner Mitmenschen gegenüber sein. Genauso, wie du von Gott Vergebung erhalten hast dadurch, daß er einen großen Verlust erleiden mußte, können andere dir einen Verlust zufügen, falls du bereit bist, ihnen zu vergeben. Du wirst Unrecht zu erleiden haben und viel dadurch verlieren. Eigentlich hättest du Anspruch auf eine Wiedergutmachung.

Ich weiß nicht, wie du dir diese Wiedergutmachung vorstellst. Aber du hast jedenfalls Anspruch darauf. Und diesen Anspruch stellst du an die betreffende Person. Du bist nicht gewillt, ihr zu vergeben. Schließlich bist du ja in der Position des Gläubigers, und der andere ist der Schuldner. Siehst du, wie ähnlich deine Position derjenigen Gottes ist? Nun hast du auch dieselben drei Möglichkeiten wie Gott: du kannst den Schuldner zwingen, ihm geben, was er verdient hat, oder du läßt ihn einfach, wie er ist. Dabei bleibt aber alles, was du gegen ihn hast, fest in deinem Herzen haften. Im Grunde bleibt dir nur eine Möglichkeit: Gnade zu üben und dem Schuldigen zu vergeben.

Es kam einmal einer zu mir und klagte über seinen Prediger. Der war dabei, die ganze Gemeinde zu spalten. Ich sagte zu dem Bruder: »Ich habe die Antwort. Ich bin ganz sicher, daß es so gehen wird.« Er fragte: »Was meinst du?« – »Daß du deinem Prediger vergibst!« Aber er wollte nicht.

Es ist nicht leicht zu vergeben! Es ist nicht leicht für den Herrn, und es ist nicht leicht für uns. Es bedeutet, daß ich meinen Anspruch dem Betreffenden gegenüber aufgeben muß.

Ich habe den Verlust selbst zu tragen. Ich kann einem Menschen die Art und Weise, wie er mich behandelt, nicht vergeben, bis ich willig werde, mich von ihm gerade in dieser Art und Weise behandeln zu lassen. *Es gibt keine Vergebung, ohne daß ich in der betreffenden Sache meine Rechte aufgebe.* Und dazu sind wir so oft nicht bereit. »Das ist doch nicht in Ordnung, daß er mich so behandelt hat!«

Wenn ich nicht bereit bin, mich von Gott willig machen zu lassen, die Behandlung durch den andern anzunehmen, ist Vergebung unmöglich. Anders gesagt, was uns letztlich hindert, zu vergeben, ist unser Stolz. Manchmal ist darum eine durchgreifende Umkehr nötig, bevor ich vergeben kann. Denn es kann sein, daß mein Stolz sehr tief getroffen ist. Dann kostet es viel, loszulassen, zu verzichten. Es kostet einen Kampf, umzukehren, einen schweren Kampf. Und schließlich gibt es nur einen Weg, durchzukommen. Das ist der Weg, den der Herr Jesus ging um zu vergeben. Wir sehen ihn im Garten Gethsemane. Wir sehen ihn am Kreuz. Der Blick auf ihn macht uns bereit, umzukehren und diese freie Vergebung anzubieten.

Du sagst: Wenn nur der andere bereit wäre, ebenfalls Buße zu tun! Dann würde es mir viel leichter fallen, ihm zu vergeben.

In Ostafrika hat einmal ein Mann die Frau eines andern geraubt. Der war ein Christ. Täglich, wenn er zur Arbeit ging, mußte er an dem Haus vorbei, wo seine Frau jetzt mit dem andern Mann lebte. Dann kam der Tag, an dem der Dieb zu Jesus fand. Das erste, was er tat, war, daß er zu dem andern Mann ging und sagte: »Vergib mir, daß ich deine Frau geraubt habe!« Und der liebe gläubige Bruder sagte: »Es gibt nichts mehr zu vergeben; ich vergab dir an dem Tag, als du sie genommen hast!« An jenem Tag nämlich kamen seine Mitbrüder zu ihm und halfen ihm, seine Rechte loszulassen. Und von dem Tag an wartete Vergebung auf den Übeltäter.

Es mögen große Dinge sein, es mag der tägliche Kleinkram sein – laß es los! Wie steht es um dein Recht? Was dir an Unrecht angetan worden ist, hat Gott für eine bestimmte Zeit in deinem Leben zugelassen. Gewiß, es wäre gut, wenn die andere Person ihren Fehler zugeben und Buße tun wollte. Aber die Hauptsache ist, daß *du* vergibst. Du kannst es *jetzt,* falls du willig bist, den Verlust auf dich zu nehmen. So braucht die Unversöhnlichkeit keinen Augenblick länger zwischen dir und Gott zu stehen.

Reinigung für Unreine

Vergebung und Reinigung sind nahe miteinander ver-
wandt. Aber sie sind nicht dasselbe. Sie entsprechen zwei
verschiedenen Bedürfnissen des Menschen. Du hast es
nicht nur nötig, daß Gott dir alle deine Sünden vergibt.
Du mußt auch von aller Ungerechtigkeit gereinigt werden.

Gott reinigt mich von aller Ungerechtigkeit

*Und das ist die Botschaft, die wir von ihm gehört haben
und euch verkündigen: Gott ist Licht, und in ihm ist keine
Finsternis. Wenn wir sagen, daß wir Gemeinschaft mit
ihm haben, und wandeln in der Finsternis, so lügen wir
und tun nicht die Wahrheit. Wenn wir aber im Licht wandeln, wie er im Licht ist, so haben wir Gemeinschaft unter-
einander, und das Blut Jesu, seines Sohnes, macht uns rein
von aller Sünde. Wenn wir sagen, wir haben keine Sünde,
so betrügen wir uns selbst, und die Wahrheit ist nicht in
uns. Wenn wir aber unsere Sünden bekennen, so ist er treu
und gerecht, daß er uns die Sünden vergibt und reinigt uns
von aller Ungerechtigkeit (1. Joh 1, 5-9).*

*Denn wenn schon das Blut von Böcken und Stieren und
die Asche von der Kuh durch Besprengung die Unreinen
heiligt, so daß sie äußerlich rein sind, um wieviel mehr
wird dann das Blut Christi, der sich selbst als Opfer ohne
Fehl durch den ewigen Geist Gott dargebracht hat, unser
Gewissen reinigen von den toten Werken, zu dienen dem
lebendigen Gott (Hebr 9, 13-14).*

Entsündige mich mit Ysop, daß ich rein werde; wasche mich, daß ich schneeweiß werde (Psalm 51, 9).

Lesen Sie auch 4. Mose 19, 14-19!

Vergebung und Reinigung gehören zusammen. Wir haben den bekannten Vers gelesen, in dem uns *beides* versprochen wird, und das unter *einer* einfachen Bedingung: »wenn wir unsere Sünden bekennen«. Dann ist Gott treu und gerecht, daß er unsere Sünden vergibt und uns reinigt von aller Ungerechtigkeit.

So gehört beides zusammen und ist doch nicht das gleiche: Vergebung ist das eine, Reinigung das andere. Sünde hat nämlich zwei verschiedene Auswirkungen auf uns. Als erstes macht sie mich *Gott gegenüber* schuldig. Gott hat uns gegenüber einen Wiedergutmachungsanspruch. Wir können nichts tun, um diese Schuld zu bezahlen. In England singen wir einen Refrain, in dem es heißt: »Ich schuldete einen Betrag, den ich nicht bezahlen konnte.« Und weiter: »Er bezahlte einen Betrag, den er nicht schuldete.« Das bedeutet, daß er unsere Schuld beglichen hat. Und ich gehe frei aus. Ein »unbezahlter Betrag«, das ist eine treffende Beschreibung für »Schuld«. Und wenn Gott mir sagt: »Die Schuld ist bezahlt«, dann heißt das: mir ist vergeben. So ist Vergebung etwas Objektives. Etwas, was außerhalb von mir geschieht. Es geschieht in den »Schuldbüchern« Gottes. Natürlich, es erfüllt mich mit Freude, wenn ich das als Tatsache erkenne, aber es ist etwas Objektives. *Reinigung* dagegen ist etwas Subjektives. Ich brauche sie, denn als zweites hinterläßt die Sünde in mir immer eine Belastung. Sie hinterläßt Scham und Unreinheit. Sie hinterläßt ein belastetes Gewissen: »Wie konnte ich nur so etwas tun! Ach, hätte ich das doch niemals getan!« So gehe ich umher und klage mich an, verdamme mich selbst. Das ist etwas ganz Subjektives, Persönliches. Und ich brauche die Gnade Gottes, die sich dieser Last annimmt.

Was tut Jesus? Er reinigt mich von alledem. Er befreit mich bis ins Innerste. Wir brauchen Vergebung. Wir brauchen auch Reinigung. Ich habe nicht nur die objektive Vergebung, sondern auch die subjektive Reinigung nötig. Freilich, man kann das eine ohne das andere haben. Eigentlich müßten wir, gemäß der Verheißung Gottes, beides zur gleichen Zeit bekommen – wenn wir nur bekennen. Aber in der Praxis funktioniert das oft nicht. Es ist nicht so, daß Gott sein Versprechen nicht einlösen würde, es mangelt vielmehr an unserem Glauben. Wir engen seine Gnade ein. Ja, wir haben unsere Sünden bekannt, und wir wissen, daß sie uns vergeben sind. Aber innerlich fühlen wir uns nicht frei. Wir klagen uns immer noch an. Wir fühlen uns immer noch schmutzig. So können wir uns unseres Heils nicht freuen. Brauchst du eine neue Erfahrung der Reinigung durch das Blut Jesu?

Reinigung! Während Vergebung mit den »Büchern Gottes« zu tun hat, hat Reinigung mit unserem Gewissen zu tun. Wie unbequem kann das Gewissen sein! Je näher wir Gott kommen, um so feiner reagiert es. Das Gewissen ist unerbittlich. Du kannst es nicht zufriedenstellen. Es sagt mir ja nicht nur, was in Zukunft falsch und richtig ist, es sagt mir auch, was in der Vergangenheit falsch war. Das Gewissen hat ein gutes Gedächtnis. Und es läßt sich nicht zum Schweigen bringen. Wenn das Gewissen beschmutzt ist, dann *ist* es beschmutzt. Vielleicht habe ich längst aufgehört, eine bestimmte Sünde zu begehen, vielleicht schon seit Jahren. Aber das Gewissen hat sie nicht vergessen. Sie verdirbt meine Gemeinschaft mit Gott, und zwar *jetzt.* Die Zeit scheint da keine Rolle zu spielen.

Stell dir vor, du trinkst vor dem Schafengehen noch eine Tasse Tee. Du bist zu müde, um die Tasse nachher noch abzuwaschen. Du sagst dir: »Das Abwaschen überlasse ich der Nacht! Morgen wird die Tasse schon sauber sein.« Der Tee ist weg, aber der Satz bleibt drin. Wir wissen: durch Liegenlassen wird nichts sauber. Die Zeit löscht auch die Flecken auf unserem Gewissen nicht aus.

Hebräer 9 sagt uns, daß nicht nur Sünde, sondern auch »tote Werke« unser Gewissen beschmutzen. Weißt du, was »tote Werke« sind? Das sind die Dinge, von denen du meinst, daß du sie tun solltest, um ein besserer Christ zu werden. Aber du hast es niemals ganz geschafft, sie auch wirklich zu tun. Es wäre bestimmt recht aufschlußreich, wenn wir einmal aufschreiben wollten, was wir unserer Meinung nach tun müßten, um bessere Christen zu werden. Ich glaube, diese Liste würde bei den verschiedensten Personen so ziemlich gleich aussehen: ein heiligerer Wandel, viel mehr Zeit für das Gebet, sich eine tiefere Schriftkenntnis aneignen, mehr Pflichtbewußtsein, mehr zugkräftiges Zeugnis ungläubigen Menschen gegenüber. Wenn ich *das* fertigbrächte, wäre ich ein besserer Christ. Aber sag einmal: *Getan* hast du's nicht! Du hast es wohl *versucht,* aber es ist dir nie ganz gelungen. Und das Ergebnis ist: genau *die* Dinge, von denen du glaubtest, sie würden dich zu einem besseren Christen machen, sie sind es, die dich verdammen. Viele Christen gehen umher, beladen mit nicht erfüllten »Pflichten«. Versprechungen, die wir nicht eingehalten haben, Gebete, die wir nicht gebetet haben, Menschen, denen wir das Zeugnis schuldig geblieben sind – das sind »tote Werke«. Sie sind tödlich. Es ist schon tödlich, wenn wir die »toten Werke« wirklich ausführen (um bessere

Christen zu werden), es ist noch schlimmer, wenn wir darin versagen. Das beschmutzt und belastet unser Gewissen.

Wenn Gott uns reinigt, dann handelt er an unserm Gewissen. Das Gewissen ist durch die Sünde beschmutzt, aber ebenso durch die »toten Werke«, indem wir *nicht* getan haben, was wir meinten, tun zu müssen, um mit unseren Sünden fertigzuwerden. Dem Herrn sei Preis, wenn du weißt, daß deine Sünden vergeben sind! Aber wie, wenn du trotzdem nicht ruhig bist, weil dein Gewissen dich plagt? Wir müssen wissen, daß Jesus unser Herz gereinigt hat – nicht nur von Sünde, auch von »toten Werken«.

Laßt uns bedenken, *wodurch* wir gereinigt werden. Ganz gewiß einzig durch das Blut Jesu Christi.

Denn wenn das Blut von Böcken und Stieren und die Asche einer jungen Kuh, auf die Unreinen gesprengt, zur Reinheit des Fleisches heiligt, wieviel mehr wird das Blut des Christus, der sich selbst durch den ewigen Geist ohne Fehler Gott dargebracht hat, euer Gewissen reinigen von toten Werken (Hebr 9, 13-14).

Warum ist hier die »Asche einer jungen Kuh« erwähnt, mit der die Unreinen besprengt wurden?

Ohne Zweifel haben wir hier ein Bild für das Blut Jesu vor uns. Es handelt sich um etwas, das in 4. Mose 19 erwähnt wird. Im Gesetz Moses gab es eine bestimmte Voraussetzung für Reinigung. Wenn ein Mensch eine Leiche berührte oder sonst etwas damit zu tun hatte, dann war er »unrein«. Er durfte keinen Gebrauch machen von seinen religiösen Vorrechten. Wenn wir bedenken, daß in der Wüste innerhalb von 40 Jahren eine ganze Generation ausgestorben ist, können wir uns vorstellen, daß die Menschen immer wieder Tote zu beerdigen hatten. Jedesmal wurden sie »unrein«. Darum mußte Gott einen Weg der Reinigung anbieten, der allen zu jeder Zeit zur Verfügung stand. Der Priester mußte eine junge rötliche Kuh nehmen und sie vor dem Herrn schlachten. Das Blut war vor dem Heiligtum zu versprengen, und der Leib des Tieres mußte vor das Lager geschleppt werden. Da wurde er verbrannt. Das Ganze wurde zu Asche. Man füllte sie in Gefäße. Diese waren sehr kostbar. Wenn jemand zugeben mußte, daß er unrein war, dann konnte er zu einem Reinen gehen und ihn um einen kleinen Dienst bitten: »Bitte, nimm etwas von der Asche, vermenge sie mit Wasser und reiße dir aus dem Gestein ein Pflänzchen mit Namen Ysop. Mache daraus ein kleines Büschel. Sprenge mit diesem Ysopbüschel von der Asche der jungen roten Kuh auf mich.« Das mußte am ersten und am dritten Tag geschehen. Und am siebenten Tag war der Unreine rein. Er hatte nur noch seine Kleider und seinen Körper zu waschen. Dann konnte er wieder seinen Platz in der Gemeinde einnehmen.

Der Hebräerbrief sagt: »Wenn die Asche einer jungen Kuh, auf die Unreinen gesprengt, zur Reinheit des Fleisches heiligt, wieviel mehr das Blut Christi...«

Ganz offensichtlich ist diese Asche ein Hinweis auf das Blut Jesu. Wie kann das sein? Lange habe ich mir diese Frage gestellt. Eines Tages bekam ich die Antwort. Ich war gerade in meinem Studierzimmer. Da stand ich von meinem Schreibtisch auf und rief aus: »Jetzt verstehe ich: Asche, Asche, Asche!« Du kannst Asche nicht verbrennen. Sie ist bereits verbrannt. Asche ist das, was übrigbleibt, wenn das Feuer seine Arbeit getan hat. Sie ist eine Erinnerung an das Feuer, das gebrannt hat. Und ich sah, daß sich das Feuer des Zornes Gottes über die Sünde ausgebrannt hat an dem Leib Jesu, als er am Kreuz hing. Er hat den Zorn Gottes über sich ergehen lassen, bis er sich ausgebrannt hatte. *Das Gericht ist vorbei!* Das Blut Jesu ist das Zeichen dafür.

Diese Dinge, deren du dich schämst – das Blut Jesu sagt dir: Das Gericht dafür hat stattgefunden. Die Asche ist ein wunderbares Bild für das vollbrachte Werk Jesu. Das proklamiert das Blut Jesu. Es bringt dir eine frohe Botschaft: »*Es ist vollbracht; es ist vollbracht!*« Die Sünde kann *nicht mehr bestraft werden, als sie bereits bestraft worden ist am Leib Jesu. Das ist die Bedeutung des Blutes Jesu. Darum sind die Lieder über das Blut Jesu so freudig. Und es ist dieser Aspekt des Blutes Jesu, den unser Gewissen benötigt. Das gequälte Gewissen kommt nicht zur Ruhe, wenn es nur von der Botschaft des Erbarmens Gottes erreicht wird; sogar die Botschaft der Liebe genügt nicht. Das Gewissen muß davon überzeugt werden, daß die Sünde empfangen hat, was sie verdient.*

Das Blut Jesu verkündigt dir, daß es so ist. Du brauchst nicht mehr das Gefühl zu haben, du seist schlecht. Du bist davon befreit! Ich brauche nicht weiter diese »toten Werke« zu tun, mit denen ich versuche, mich zu einem besseren Christen zu machen. Am Fuß des Kreuzes habe ich gefunden, worum ich mich die ganze Zeit abgemüht habe. Friede, Freude und Freiheit sind jetzt mein. Ich bin ohne eigene Anstrengung dazu gekommen – durch das Blut Jesu.

Ich muß nicht immer wieder versuchen, dazu durchzudringen. Ich darf Buße tun, darf bekennen, und ich darf aufhören, nach Frieden zu suchen. Warum sollte ich mich um etwas abmühen, was ich schon bekommen habe? Mir ist ja nicht nur meine Sünde vergeben, ich bin gereinigt. Jetzt bin ich frei, dem lebendigen Gott zu dienen.

Ich diene ihm nicht, *damit* ich diesen Frieden bekomme; ich diene ihm, *weil* ich ihn im Blut Jesu gefunden habe. »Wieviel mehr wird das Blut Jesu euer Gewissen reinigen, um dem lebendigen Gott zu dienen!«

Ich möchte noch auf etwas sehr Schönes hinweisen. Wir haben eingangs einen Satz aus Davids Bußgebet angeführt: »Entsündige mich mit Ysop, und ich werde rein sein; wasche mich, und ich werde weißer sein als Schnee.«

Viele Jahre habe ich nicht verstanden, was das bedeutet: »Entsündige mich mit Ysop.« Aber dann entdeckte ich, daß diese Bitte mit dem Text aus 4. Mose 19 zu tun hat. David dachte an den Mann, der den Ysop nahm und seinen Freund besprengte. Da verstand ich. Ich brauche das geistliche Gegenstück in meiner eigenen Erfahrung.

So ging es auch David. Er sagte: »Mein Gewissen quält mich so sehr! Ich brauche den Zuspruch, daß das Gericht Gottes an einer anderen Stelle als in mir die Sünde verbrennt. Ich sehe, daß ich jemanden brauche, der das an mir tut, was damals im Bild geschah.«

David verlangte nicht nach einer alten Zeremonie. Er wußte so gut wie wir, daß diese nur ein Hinweis war. Er sagte: »Ich brauche das geistliche Gegenstück davon. Nur dann kann ich Frieden haben, kann ich rein sein.« Neutestamentlich ausgedrückt: er mußte das Blut Jesu sehen und das in ihm vollbrachte Werk. Das hast auch du von Zeit zu Zeit aufs neue nötig. Nichts anderes kann dein belastetes Gewissen zur Ruhe bringen.

Anschließend sagte David etwas Wunderbares: »Wenn du mich so wäschst, dann bin ich weißer als Schnee.« Es gibt nichts, was weißer ist als Schnee. Es gibt verschiedene Grade von Weiß. Jeder Waschmittelhersteller erklärt uns, daß es Steigerungen von »weiß« gäbe. Sein

Fabrikat wäscht »weißer« als das der Konkurrenz. Aber nichts kann weißer sein als Schnee: Nichts kann reiner sein als der Schuldige, der sich im Blut Jesu gewaschen hat. Woher hatte David *diese* Schau? Er, der schwarz wie die Nacht war, konnte weißer als Schnee werden! Adam war vor dem Sündenfall *so weiß wie* Schnee. Aber David wußte, daß Gott ihn in den Stand setzen konnte, der besser war als der Adams vor dem Fall. *Ja, das tut das Blut Jesu!*

Ich weiß nicht, was sich bei dir im Verborgenen vorfindet. Ich kenne dein Geheimnis nicht. Ich wäre nicht überrascht, wenn es schändlich wäre. Nimm dieses Wort zu Herzen und mache daraus ein Gebet: »Herr Jesus, wirke in mir mit deinem Blut! Wasche mich weißer als Schnee!« Dann brauchst du dich nicht mehr zu schämen und fühlst dich nicht mehr angeklagt. Es gibt keine bessere Beziehung zu Gott als die, die das Blut Jesu in dir bewirkt. Du hast Zugang zum Allerheiligsten durch das Blut; und selbst du mit deiner Vergangenheit kannst in der Gegenwart Gottes zu Hause sein.

Der Teufel wird dir und mir etwas anderes erzählen. Aber ich will es heute neu für mich ergreifen: Wieviel Versagen muß ich in meinem Leben erkennen; *aber das Blut Jesu wäscht mich – und ich bin weißer als Schnee.*

Das gilt auch für dich! Welch ein Evangelium!

Rechtfertigung für Gottlose

Gnade, Versöhnung, Vergebung, Reinigung, Rechtfertigung. Gottes Rechtfertigung des Sünders. Das ist ein gewaltiges Wort, eine gewaltig große Sache. Gott rechtfertigt die Gottlosen! Wir sprechen nicht einfach so leichthin von »Rechtfertigung«. Es geht darum zu wissen, *wer* gerechtfertigt wird. *Wen* rechtfertigt Gott? – Den Sünder und Gottlosen, wenn er an Jesus glaubt. Welch eine Gnade! Und welch ein Gott, der so etwas tut!

Gott, der die Gottlosen rechtfertigt

Ist das nicht schwer zu glauben, besonders wenn du fühlst, wie wenig gottgemäß du gelebt hast und wieviel Versagen es in deinem Leben gegeben hat?

Nein! Das Wort spricht es klar und deutlich aus: Gott rechtfertigt die Gottlosen. Darum steigen von allen Enden der Erde Lieder des Lobpreises zu ihm auf. Das ist mehr als Vergebung! Das ist mehr als Reinigung! Zu wissen, ich bin vor Gott gerechtfertigt – wie gut ist das!

Das ist das Thema, worüber Paulus öfter gepredigt hat als über jedes andere. Er sieht die Rechtfertigung als Basis für sein ganzes christliches Leben an. So viele weitere Segnungen kommen ja aus dieser wunderbaren Quelle: Gott hat den Sünder gerechtfertigt.

Kein Mensch kann durch die Werke des Gesetzes vor ihm gerecht sein. Denn durch das Gesetz kommt Erkenntnis der Sünde. Nun aber ist ohne Zutun des Gesetzes die Gerechtigkeit, die vor Gott gilt, offenbart, bezeugt durch das Gesetz und die Propheten. Ich rede aber von der Gerechtigkeit vor Gott, die da kommt durch den Glauben an Jesus Christus zu allen, die glauben. Denn es ist hier kein Unterschied: sie sind allesamt Sünder und ermangeln des Ruhmes, den sie bei Gott haben sollten, und werden ohne Verdienst gerecht aus seiner Gnade durch die Erlösung, die durch Christus Jesus geschehen ist. Den hat Gott für den Glauben hingestellt als Sühne in seinem Blut zum Erweis seiner Gerechtigkeit, indem er die Sünden vergibt, die früher begangen wurden in der Zeit seiner Geduld, um nun in dieser Zeit seine Gerechtigkeit zu erweisen, daß er selbst gerecht ist und gerecht macht den, der da ist aus dem Glauben an Jesus. Wo bleibt nun das Rühmen? Es ist ausgeschlossen. Durch welches Gesetz? Durch das Gesetz der Werke? Nein, sondern durch das Gesetz des Glaubens (Röm 3, 20-27).

Wir wollen diese große Tatsache der Rechtfertigung auf uns als Gläubige anwenden, auf uns, die wir aus Glauben schon gerechtfertigt sind. Auch wir müssen diese gesegnete Gnadenbotschaft kennen. Nicht, daß ich annehmen würde, du könntest diese Rechtfertigung auch nur einen Augenblick verlieren. Sie ist die Grundlage unserer Errettung, und sie ist unveränderlich. Selbst wenn du in Sünde fällst, verlierst du nicht diese wunderbare Stellung vor Gott. Aber du verlierst den Frieden und die Freude, die aus der Rechtfertigung kommen.

Und wenn du das verloren hast, reduziert sich diese große Gnade auf ein bloßes Dogma. Du kannst dich nicht mehr daran freuen wie zuvor. *Die Freude an der Rechtfertigung kann aber wiederhergestellt werden!* Du kannst zu dieser Freude zurückkehren. Sie hat zwar nie aufgehört, dir zu gehören, aber du genießt sie nicht. Der Weg zurück ist für den Gläubigen genau derselbe wie der, den er gehen mußte, um die Gewißheit der Rechtfertigung zum ersten Mal zu erlangen. Deshalb ist es wichtig, daß wir diesen Weg kennen.

Wenn uns klar ist, wie wir zum ersten Mal in diese Freude hineingekommen sind, dann wissen wir auch, was geschehen muß, damit sie wiederhergestellt werden kann.

Ich wiederhole: Es geht darum, die Freude wieder zu bekommen; die Grundlage dafür ist unverändert vorhanden. Wenn ich die Gemeinschaft mit Gott verlassen habe, dann bedeutet es nichts für mich, zu behaupten: »Immerhin bin ich vor Gott gerechtfertigt!« Die Gemeinschaft muß wiederhergestellt werden. Dann wird das Bewußtsein meiner Rechtfertigung wieder zu einer gegenwärtigen Erfahrung.

So laßt uns sehen, was das Wort uns über diese wunderbare Grundlage des Segens sagt.

Wenn Gott einen Menschen rechtfertigt, dann erklärt er, daß ihm dieser Mensch, so wie er vor ihm steht, recht ist. Vielleicht führt er kein besonders gutes Leben; aber wenn Gott erklärt: »Diese Person ist mit mir in Ordnung!«, *dann ist es so!* Und man hat es zu glauben.

An einer anderen Stelle wird uns das so dargestellt: Gott rechnet uns seine Gerechtigkeit zu. »Abraham glaubte Gott, und das wurde ihm zur Gerechtigkeit gerechnet« (Gal 3,6). Gott hat Abraham, weil er ihm geglaubt hat, eine Gerechtigkeit zugesprochen, die er sonst nicht gehabt hätte.

Wenn wir die Briefe des Apostels Paulus lesen und dem Wort »Gerechtigkeit« begegnen, können wir das Wort jedesmal ein wenig abändern. Wir können lesen »gerecht vor Gott«. Wenn Gott mir Gerechtigkeit zurechnet, dann bedeutet das ganz einfach, er sieht mich als einen Menschen an, der mit ihm in Ordnung ist. Das ist es, was Paulus mit dem Wort meint.

Einmal heißt es von den Juden, daß sie ihre *eigene* Gerechtigkeit aufrichten wollten. Da ist nicht von ihren moralischen Qualitäten die Rede. Sie versuchten, vor Gott gerecht dazustehen, während Gott bereit war, ihnen seine Gerechtigkeit zuzurechnen.

»Gerechtigkeit« bedeutet, Gott betrachtet uns als gerecht vor ihm. Das ist sehr wichtig, denn immer wieder fühlen wir in unseren Herzen: »Ich bin nicht ganz in Ordnung mit Gott. Irgend etwas klagt mich noch an, etwas, was ich eigentlich tun müßte.« Aber Gott sagt: »Du bist gerecht vor mir.« Und das Großartige ist, daß Gott das nicht den moralisch Einwandfreien sagt, sondern den Sündern. Römer 4,5 heißt es: »... sondern glaubt an den, der die Gottlosen gerecht macht...« Gott erklärt diejenigen für gerecht, die ganz offensichtlich falsch gehandelt haben.

Das scheint nicht korrekt zu sein. Hat nicht Gott selbst den alttestamentlichen Richtern befohlen, die Guten zu rechtfertigen und die Bösen zu verurteilen? Und hier tut Gott nun genau das Gegenteil. Er tut das, was er den Richtern verboten hat: *Er rechtfertigt die Gottlosen!*

Wir sprechen also von der Rechtfertigung von Sündern. Als gläubigem Menschen muß dir diese Wahrheit hochwillkommen sein. Wenn du manchmal auf das niedrige Niveau deines Lebens schaust, könntest du verzweifeln. Wenn Gott nur die Gerechten gerechtspräche, welche Hoffnung hätte ich?

Aber es gibt Hoffnung *für dich*. Das Evangelium sagt uns: Gott rechtfertigt die Ungerechten.

Damit wird die göttliche Gerechtigkeit nicht verleugnet. Gott rechtfertigt auf der Grundlage des Kreuzes unseres Herrn Jesus. *Seiner Gerechtigkeit ist bereits Genüge getan.* Wir haben in Römer 3 Vers 25 gelesen: »Ihn hat Gott für den Glauben hingestellt als Sühne in seinem Blut zum Erweis seiner Gerechtigkeit.«

Rechtfertigung ist auf die Genugtuung gegründet, die der Herr Jesus durch sein Blut geleistet hat. Darum ist es gerecht für Gott, die Gottlosen zu rechtfertigen. Das sagt die zweite Hälfte des Verses aus: »... zum Erweis seiner Gerechtigkeit wegen der Nachsicht mit den Sünden, die zuvor geschehen waren.«

Wie konnte ein gerechter Gott die Sünden Abrahams »durchgehen« lassen? Niemand hatte dafür eine Erklärung, bis Jesus kam. Das Kreuz Christi wirkt auch in die Vergangenheit. Weil der Herr Jesus das Gericht getragen hat, konnte der gerechte Gott Abraham seine Sünden vergeben. Aber das Kreuz Christi reicht nicht nur für die Vergangenheit. Es gibt Gott die Möglichkeit, mit uns gegenwärtig zu verfahren, wie er es mit Abraham getan hat. So heißt es in Vers 26: »... zum Erweis seiner Gerechtigkeit in der jetzigen Zeit, damit er gerecht sei und zugleich den rechtfertige, der des Glaubens an Jesus ist!«

Ein Balken des Kreuzes weist in die Morgendämmerung der Geschichte zurück, der andere an ihr Ende. Gott ist gerecht, wenn er dem Sünder vergibt, einerlei zu welchem Zeitpunkt der Geschichte er gelebt hat oder leben wird. Schon Jesaja sagt: »Gott ist gerecht und ein Heiland!« Ich bin nicht nur aus Liebe gerettet; ich bin gerechterweise gerettet. Welch eine unumstößliche Gewißheit sollte uns das im Blick auf unsere Errettung geben!

Wir haben also gesehen, daß Rechtfertigung bedeutet: Gott erklärt, daß wir mit ihm in Ordnung sind. Er tut das für Gottlose. Er tut es auf der Grundlage des Kreuzes.

Weiter: Gott rechtfertigt unabhängig von unseren eigenen Anstrengungen und Werken. Vers 28 sagt: »So kommen wir zu dem Schluß, daß ein Mensch durch Glauben gerechtfertigt wird, ohne Gesetzeswerke.« Das Gute in deinem Leben wird dir nicht helfen. Und das Böse muß kein Hindernis sein. Du wirst völlig unabhängig vom einen oder anderen vor Gott gerechtgesprochen. Das mag dich enttäuschen: »Wie? All das Gute soll nichts nützen? Ich gehöre schon jahrelang zu dieser Gemeinde. Ich habe die Kranken besucht und die Trauernden getröstet...« Schön, daß du das getan hast! Mach weiter so! Aber nimm bitte zur Kenntnis: was dein Verhältnis zu Gott angeht, so nützt dir all das nicht.

Andererseits ist diese Botschaft sehr ermutigend. Das Schlechte in unserem Leben muß kein Hindernis sein; kein Hindernis, sofern du es bekennst. Du kannst dieselbe Verbindung mit Gott haben wie der Allerfrömmste auf Erden. Die wunderbare Beziehung zu meinem Gott hat nichts zu tun mit Gut oder Böse in meinem Leben. Aber wenn sie auch unabhängig ist von Werken, so ist sie doch nicht unabhängig von Buße und Glauben. Das war eines der großen Themen der Reformation: wird der Mensch durch Werke gerechtfertigt oder durch Glauben? – »Du kannst doch nicht einfach so dasitzen und nichts tun!« Du hast recht, du *mußt* etwas tun. Du mußt »an den glauben, der die Gottlosen rechtfertigt!« Rechtfertigung ist unabhängig von Werken, aber abhängig von diesem Glauben.

Römer 4, 4-5 sagt: »Dem aber, der Werke tut, wird der Lohn nicht angerechnet nach Gnade, sondern nach Schuldigkeit. Dem dagegen, der nicht Werke tut, sondern an den glaubt, der den Gottlosen rechtfertigt, wird sein Glaube zur Gerechtigkeit gerechnet.«

Es mag einer nicht fähig sein, eine bestimmte Stufe der Frömmigkeit zu erreichen. Aber er kann, wenn er will, zugeben, daß er gottlos ist, daß er auf gottlose Weise gehandelt und reagiert hat. Und dann kann er an den glauben, der die Gottlosen rechtfertigt.

Diese Verse liebe ich ganz besonders. Es fällt mir nicht schwer, sie anzunehmen, und ich brauche nicht lange Zeit dazu. Ich brauche es nicht auf später zu verschieben. Warum sollte ich zögern? Ich muß einfach bekennen: »Ich habe in ungöttlicher Weise gehandelt!« Wenn mich das für den Segen qualifiziert – warum sollte ich es nicht tun? Andererseits, wie kann ein Christ bekennen, daß er »ungöttlich«, das heißt gottlos war? Nun, manchmal spricht er auf gottlose Art und Weise mit Gliedern seiner Familie, er schreibt jemandem einen ärgerlichen Brief – ist das nicht »gottlos«? Also bekenne ich das.

Ich weiß, wir zögern gern. Und je länger wir zögern, um so länger bleiben wir ohne Frieden. Aber wenn ich willig bin, mich der Wahrheit zu stellen, kann ich an *den* glauben, *der die Gottlosen* rechtfertigt. Und es gibt keine größere Gerechtigkeit vor Gott als die, in die mich das Blut Jesu hineinversetzt.

Freilich, der Apostel Paulus betont, daß wir »durch Glauben« gerechtfertigt werden. Er erwähnt die Buße nicht jedesmal. Aber Buße gehört jedesmal zu dem rettenden Glauben. Wie kann ein Mensch an den glauben, der die Gottlosen rechtfertigt, wenn er nicht zugibt, daß er gottlos ist? Das ist das Allerwichtigste für uns Christen: die Bereitwilligkeit, zuzugeben daß wir verkehrt sind. Solange wir finden, wir seien schon recht, liegen wir falsch.

Wenn du aber zugibst: »Bei mir ist manches falsch«, dann sage ich dir: »Das stimmt, aber du bist durch das Blut Jesu in Ordnung mit Gott!«

Erinnerst du dich an das Gleichnis vom Pharisäer und Zöllner im Tempel? Der Zöllner schlug an seine Brust und bat: »Gott, sei mir Sünder gnädig!« Und der Herr Jesus sagte: »Dieser ging gerechtfertigt hinab in sein Haus im Gegensatz zu jenem« (Luk 18,14).

Als dieser Mann sagte: »O Gott, ich bin ganz verkehrt«, da antwortete ihm Gott: »Ja, du bist ganz in Ordnung.« Vielleicht hat der Zöllner gesagt: »Herr, kann es sein, daß du nicht richtig verstanden hast, was ich gebetet habe? Ich bin ein Sünder! Bisher habe ich anderen die Schuld gegeben; aber jetzt sehe ich, ich war verkehrt!« »Ja«, sagt Gott, »ich weiß, ich habe schon richtig verstanden. Ich habe lange genug warten müssen, bis du das zugegeben hast. Aber jetzt bist du endlich zerbrochen, und jetzt möchte ich dir sagen, daß alles gut ist! Deine Beziehung zu mir ist sichergestellt durch das Lamm auf dem Altar.«

So ist es. Manchmal reden Menschen gegeneinander, sie beschuldigen sich gegenseitig. Sie schauen dabei nicht besonders friedfertig drein. Keiner von ihnen steht richtig vor dem Herrn. Doch dann erhebt sich einer und sagt: »Bitte, seid einen Augenblick still; ich möchte etwas sagen. Gott hat mir gezeigt, daß ich falsch gehandelt und geurteilt habe. Es war falsch, daß ich mich selbst gerechtfertigt habe. Meine Haltung euch gegenüber war verkehrt.«

Was geschieht? Die andern sind zufrieden, daß er es endlich einsieht. Oder werden sie alle innerlich in Verlegenheit geraten? Die Person, die zugegeben hat, daß sie im Irrtum war, ist die einzige, die jetzt völlig recht hat.

»Gerechtigkeit« bedeutet also: Gott spricht einem Menschen zu, daß er mit ihm in Ordnung ist. Das tut er für die Gottlosen, und zwar auf der Grundlage des Kreuzes und unabhängig von Werken, aber nicht ohne Buße und Glauben.

Das ist der Weg zu einer neuen Erfahrung des Segens der Rechtfertigung. Ich sage nicht, daß du dein Heil verloren hast; aber es fehlt dir die Gemeinschaft mit dem, der das Heil geschenkt hat. Du findest diese Gemeinschaft auf dieselbe Weise wieder, wie du sie das erstemal erfahren hast. Und Paulus stellt uns das wunderbare Ergebnis der Rechtfertigung aus Glauben vor Augen: »Gerechtfertigt aus Glauben, haben wir Frieden mit Gott.« Zwischen Gott und mir ist alles in Ordnung – aufgrund des vergossenen Blutes. Ich weiß, daß es so ist, weil Gott selbst es sagt. Und darum nehme ich bereitwillig den Platz des Sünders ein.

Wir haben nicht nur Frieden mit Gott, wir rühmen uns auch der Hoffnung seiner Herrlichkeit.

Das Wort »Hoffnung« ist im Griechischen ein besonderes Wort. Wenn *wir* dieses Wort benutzen, enthält es oft ein Element des Zweifels: Ich hoffe das und das! Aber das ist nicht die Bedeutung im Griechischen. Da drückt es eine überzeugte Erwartung aus.

Wer aus Glauben gerechtfertigt ist, der weiß, ich habe Frieden mit Gott, und darauf folgt die Herrlichkeit!

Gerechtfertigt durch Jesu Blut, sind wir von Gottes Zorn befreit. Das ist die eine Seite. Die andere ist, wir gehen der Herrlichkeit entgegen! Wir werden verherrlicht! Wir wissen nicht genau, was das bedeutet. Aber du wirst einen neuen Leib empfangen. Du wirst in der Herrlichkeit besser aussehen, als du hier aussiehst. Das Beste aber ist, daß wir Jesus von Angesicht zu Angesicht sehen werden.

Du kannst sicher sein, wer aus Glauben gerechtfertigt ist, wird in die Herrlichkeit eingehen.

Es kann sein, daß jemand diese Zeilen liest, der noch nie ganz sicher war, ob er gerettet ist. Du denkst, du hoffst, aber du bist dir nicht ganz sicher. Ich wünsche, daß die Botschaft von der Rechtfertigung dir diese Sicherheit gibt.

Wenn Gott dich durch das Blut Jesu gerecht gemacht hat, dann darfst du mit der Herrlichkeit rechnen. Das darfst du glauben.

Noch etwas. Ich las einmal, wenn jemand gerechtfertigt sei, brauche er sich keine Sorgen zu machen über das, was Menschen von ihm denken.

Aber du machst dir eben doch Gedanken darüber, nicht wahr? Immerzu machst du dir Gedanken. Das hast du nicht nötig. Wenn Gott dich rechtfertigt, spielt es keine Rolle, was irgendwer sonst über dich denkt. Gott sagt von dem, den er rechtfertigt – und wäre er auch der schlechteste Mensch gewesen –: »Wer wird wider Gottes Auserwählte Anklage erheben? Gott ist es, der da rechtfertigt« (Röm 8, 33). Und wenn Gott sagt, daß gegen dich nichts vorliegt, dann ist es so! In gewisser Hinsicht haben die Mitmenschen ja recht, du hast viele Mängel. Aber Gott hat erklärt, daß dieser »Gottlose« mit ihm selbst in Ordnung sei. Du brauchst deshalb weder Schuld- noch Minderwertigkeitsgefühle zu haben.

Der Mensch, der eine gute Beziehung zu Gott hat, weil er gerechtfertigt ist, muß sich nicht mehr darüber grämen, was Menschen von ihm denken. Wahrscheinlich denken sie überhaupt kaum über dich nach. Es ist doch nur dein Stolz, der sich vorstellt, daß sie über dich nachdenken. Auch wenn du sprichst, denken sie meist nicht über dich nach. Sie machen sich Gedanken über das, was du sagst. Du kannst also die Beschäftigung mit dir selbst ruhig aufgeben.

Es kommt vor, daß ich predige, und die Tür geht auf, und ein bekannter, wichtiger Mann im Reich Gottes betritt den Saal. Er setzt sich hinten hin, und einen Augenblick lang denke ich: »Was mag dieser Bruder jetzt von mir halten?« Ich fange an, meine Predigt mit seinen Ohren zu hören. Wie gut, daß ich noch während der Predigt Buße tun kann. So ist es mir möglich, fröhlich nach Hause zu gehen und mir zu sagen: »Mit Gott jedenfalls ist alles in Ordnung!«

Wenn du diese Schrift aus der Hand legst, tue das im Bewußtsein: Es ist alles in Ordnung zwischen Gott und mir. Ich brauche mir keine Gedanken darüber zu machen, was Menschen von mir halten.

Dann wirst du dich frei fühlen, diesen Menschen von Jesus zu sagen.

Eine Chance für Versager

Aber der ältere Sohn war auf dem Feld. Und als er nahe zum Hause kam, hörte er Singen und Tanzen und rief zu sich einen der Knechte und fragte, was das wäre. Der aber sagte ihm: Dein Bruder ist gekommen, und dein Vater hat das gemästete Kalb geschlachtet, weil er ihn gesund wieder hat. Da wurde er zornig und wollte nicht hineingehen. Da ging sein Vater hinaus und bat ihn. Er antwortete aber und sprach zu seinem Vater: Siehe, so viele Jahre diene ich dir und habe dein Gebot noch nie übertreten, und du hast mir nie einen Bock gegeben, daß ich mit meinen Freunden fröhlich gewesen wäre. Nun aber, da dieser dein Sohn gekommen ist, der dein Hab und Gut mit Huren verpraßt hat, hast du ihm das gemästete Kalb geschlachtet. Er aber sprach zu ihm: Mein Sohn, du bist allezeit bei mir, und alles, was mein ist, das ist dein. Du solltest aber fröhlich und guten Mutes sein; denn dieser dein Bruder war tot und ist wieder lebendig geworden, er war verloren und ist wiedergefunden (Luk 15, 25-32).

Als der junge Mann aus der Fremde zurückkam, fand er die gerunzelte Stirn seines älteren Bruders vor. Der war ja nie in ein fernes Land gegangen. Und darum begegnete er seinem Bruder mit diesem Stirnrunzeln.

Laßt uns heute einmal den älteren Bruder genauer ansehen. Aber bevor wir das tun, sollten wir noch einmal das Gleichnis von dem verlorenen Sohn ganz allgemein betrachten.

Wir kennen diese Geschichte sehr gut. Aber weißt du, diese Geschichte ist nicht nur auf Menschen zugeschnitten, die dieselben Dinge getan haben. Es gibt

Jungen und Mädchen, die von zu Hause weglaufen und die Herzen ihrer Eltern brechen. Manchmal denken wir, diese Geschichte sei für Leute, die es ebenso gemacht haben. Wie manche Mutter sagt traurig: »Ich habe einen ›verlorenen Sohn‹.« Aber in unserer Geschichte geht es nicht nur um solche Leute. Gemeint sind alle Menschen. *Alle* Menschen haben Gott das angetan, was dieser junge Mann seinem Vater geboten hat. Das trifft auf jeden einzelnen von uns zu, einerlei, wie anständig wir uns geben. Wir sind von Gott weggelaufen, wie dieser Junge weggelaufen ist. Wir haben sein Herz gebrochen, wie dieser Junge seines Vaters Herz gebrochen hat.

Das ist das erste, was ich zu dieser Geschichte zu sagen habe. Also: das Gleichnis ist nicht nur auf einige wenige Menschen anwendbar, es stellt die Geschichte der ganzen Menschheit in ihrem Verhältnis zu Gott dar. Es ist deine und meine Geschichte. Jeder Sünder, auch der anständigste, ist ein »verlorener Sohn«. Jeder hat es nötig, zum Vater zurückzukehren wie der »verlorene Sohn«. Und jeder, der kommt, wird das gleiche wunderbare Willkommen erleben, das dem Sohn im Gleichnis entgegengebracht wurde.

Das zweite: Wenn diese Geschichte ein Bild für das Evangelium ist, wo ist Jesus darin zu finden? Wir sehen den Vater, wir sehen den Sohn – wo sehen wir Jesus? Gewiß, es war Jesus, der das Gleichnis erzählt hat. Und darum war es ein bißchen schwierig für ihn, sich selbst da hineinzubringen. Aber er ist darin! Er ist das Zentrum des Evangeliums. Und wenn das Gleichnis ein Bild des Evangeliums ist, dann können wir sicher sein: Jesus ist darin zu finden. Wir sehen ihn in Vers 20: »Als er aber noch weit entfernt war, sah ihn sein Vater, und es jammerte ihn; er lief und fiel ihm um den Hals und küßte ihn.« *Jesus ist Gott, der uns voll Liebe entgegenläuft.* In Jesus Christus ist Gott genau dahin gekommen, wo der Sünder ist. Du hast kaum angefangen, Buße zu tun, kaum angefangen, deine Schritte zu Gott zurückzu-lenken – und schon läuft er dir entgegen. *Das ist Jesus,* so wie wir ihn am Kreuz sehen. Hier läuft mir Gott ent-gegen. Er kommt dahin, wo ich bin. Ich hatte noch keine Zeit, mich zu ändern. Ich kam erst recht nicht dazu, mich zu bewähren. Ich habe nur bekannt, wie schlecht ich bin, und schon sehe ich Jesus, der für einen Menschen wie mich stirbt. So können wir sagen: Jesus ist Gott, der uns voll Liebe entgegenläuft. Er ist Gott, der für mich, den Sünder, bereitsteht.

Das dritte und Wichtigste ist: Die entscheidende Aus-sage steht am Ende der Geschichte. Der eigentliche Grund, weshalb der Herr Jesus diese Geschichte erzählt hat, war nicht so sehr, uns vom »verlorenen Sohn« zu erzählen, sondern vom älteren Sohn. Das können wir dem Zusammenhang entnehmen, in den die Geschichte eingebettet ist, Verse 1 und 2: »Es nahten sich ihm aber allerlei Zöllner und Sünder, um ihn zu hören. Und die Pharisäer und Schriftgelehrten murrten und sprachen: Dieser nimmt die Sünder an und ißt mit ihnen.« Es gefiel ihnen nicht, daß Jesus Sünder annahm. Müßte er sich nicht ausschließlich um gute Menschen kümmern? Und hier ißt er mit Sündern! Da erzählte der Herr Jesus dieses Gleichnis – für sie. Als der Herr von dem älteren Sohn erzählte, sprach er in Wirklichkeit von den Pharisäern und Schriftgelehrten. Darum habe ich den letzten Teil des Gleichnisses hier vorangestellt. Laßt uns also den älteren Sohn betrachten.

Das erste, was wir von ihm lesen, ist: »Der ältere Sohn aber war auf dem Feld.« Wo war er? In einem fremden

Land? Nein, da ist er niemals gewesen. Oder war er bei dem Fest? Hat er das gemästete Kalb genossen, zusammen mit all den andern? Nein, da war er auch nicht. Er war nicht im fernen Land, er war auch nicht auf dem Fest. Er war auf dem Feld. Diese Feststellung ist sehr wichtig.

Was hat er auf dem Feld getan? Er arbeitete da mit seiner Hacke, vom frühen Morgen bis zum Abend. Er ist doch ein treuer Sohn. Wir wundern uns nicht, daß er so lange auf dem Feld arbeitet; er sagt uns nämlich, warum er das tut. Als er sich darüber beklagt, wie gut der Vater den jüngeren Sohn behandelt hat, spricht er es aus: »Siehe, so viele Jahre diene ich dir, und ich habe dein Gebot noch nie übertreten, aber du hast mir nie einen Bock gegeben, daß ich mit meinen Freunden fröhlich wäre.« Jetzt wissen wir, warum er so treu gearbeitet hat, warum er seinem Vater so gehorsam gewesen ist. Er wollte, daß sein Vater ihm eines Tages einen Bock gibt! Dann würde er seine Freunde einladen und ein Fest feiern. Er hatte sich überlegt: Ich kann nicht erwarten, daß mein Vater mir einen Bock umsonst gibt. Damit er mir solch einen Gefallen tut, muß ich ein sehr guter Sohn sein. Viele Jahre muß ich ihm dienen. Bis jetzt hat er mir noch keinen Bock gegeben. Das kann nur bedeuten, daß ich noch nicht genug gearbeitet habe. Das kann ich akzeptieren. Ich werde weiterhin auf das Feld gehen und arbeiten.

Darum war der Sohn nicht bei dem Fest. Er wollte zwar feiern, aber er wollte ein eigenes Fest feiern. Und er war völlig überzeugt: der einzige Weg, ein Fest für sich selbst zu bekommen, war der, dem Vater viele Jahre treu zu dienen.

Als er das seinem Vater sagte, war sein Vater erstaunt. Er fragte: »War *das* der Grund, weshalb du die ganze

Zeit so hart gearbeitet hast? Du wünschtest, daß ich dir ein Böcklein gäbe?« »Natürlich«, sagte er, »was denkst du denn, weshalb ich mich so angestrengt habe?« Da hätte der Vater beinahe gelacht. »Warum schaust du so belustigt drein? Mir ist die Sache nicht zum Lachen!«

Da sagte der Vater: »Kind, du bist allezeit bei mir, und alles, was mein ist, ist dein. Der ganze Hof gehört dir. Du hättest ein Böcklein haben können, sooft du nur wolltest, von mir aus jeden Tag. Und jetzt stelle ich fest, daß du dich so verbissen damit abquälst, zu verdienen, was dir doch schon längst gehört!«

Das war der Grund, warum der Sohn auf dem Feld war.

Ich frage mich, wo *du* bist! Es gibt drei Orte, wo wir sein können: entweder in dem fernen Land, weg von Gott, oder bei dem Fest, die Erweckung genießend, oder irgendwo dazwischen, nicht in dem fernen Land, nicht bei dem Fest, sondern auf dem Feld. Was bedeutet das? Du fühlst: Ich bin nicht bei dem Fest. Du bist nicht wirklich erfüllt mit der Freude am Herrn. Du sehnst dich zwar danach. Du sehnst dich nach dem Fest. Aber du denkst, du müßtest ein sehr guter Christ sein, um zu dem Fest zugelassen zu werden, jedenfalls ein besserer, als du es jetzt bist. Und es gibt – so meinst du – nur einen einzigen Weg, wie Gott dir seinen Geist schenken kann, dich erfüllen, sättigen und befreien kann, nämlich den, daß du ihm viele Jahre treu dienst. Und niemals darfst du seine Gebote übertreten. Man kann es auch anders sagen: Ich muß ein besserer Christ werden. Nur die besseren Christen erleben Erweckung. Nur die völlig hingegebenen dürfen Erweckung erwarten, nur die, die viel für Gott tun.

Und so bist du denn auf dem Feld mit vielen andern, die immerzu arbeiten, arbeiten, arbeiten. Sie versuchen, bessere Christen zu werden, fleißiger zu beten, die Bibel besser zu verstehen. Du sagst: Ich kenne die Bibel noch nicht gut genug, darum bin ich nicht bei dem Fest. Aber wenn ich mich noch etwas mehr anstrenge, dann wird Gott eines Tages sagen: »Du hervorragender Christ, komm zum Fest!« Und obwohl du bisher noch nicht alles ausprobiert hast, bist du völlig überzeugt: das ist der Weg zu Gottes Segnungen. Eines Tages, so glaubst du, wirst du es geschafft haben. Eines Tages wirst du vor den Herrn hintreten und sagen: »Herr, jetzt bin ich der Christ, der ich sein sollte!« Und dann, dann endlich wirst du den Segen bekommen, den du brauchst.

Aber in Wirklichkeit wirst du niemals ein »besserer Christ« werden; im Gegenteil, du hast schon lange keinen rechten Frieden, keine rechte Freude mehr. Und du hast doch ständig versucht, dein Bestes zu tun! Diesen Zustand meine ich, wenn ich sage, daß jemand auf dem Feld ist. Der ältere Sohn war auf dem Feld. Nicht bei dem Fest. Nur auf dem Feld. Merkwürdigerweise war der jüngere Sohn hingegen bei dem Fest anwesend. Dabei war er doch bei weitem kein so guter Sohn wie der ältere! Er hatte sich scheußlich aufgeführt. Aber er hatte einen Satz gesagt, und der hatte ihm die Tür geöffnet. Er kam zu seinem Vater zurück und sprach: »Vater, ich habe gesündigt gegen den Himmel und vor dir; ich bin hinfort nicht mehr wert, daß ich dein Sohn heiße.«

Was für eine Aussage! Stelle dir vor, du würdest zu deinem Vater sagen: »Vater, ich bin nicht wert, dein Sohn zu sein, ich bin nicht würdig, deine Tochter zu sein. Ich habe ja so schrecklich versagt.« Wäre das nicht etwas Außergewöhnliches? Genau das sagte dieser Sohn: »Ich habe gesündigt. Ich bin nicht wert, dein Sohn zu heißen.« Doch das ist derjenige, der zum Fest kam. Man zog ihm

neue Kleider an. Und das gemästete Kalb, das für besondere Anlässe im Stall stand, wurde geschlachtet. »Wir
werden ein herrliches Fest feiern! Der Junge ist nach
Hause gekommen!« Ist das nicht außergewöhnlich?

Der ältere Sohn sprach: »Ich habe *gedient!*« Und er
kam nicht hinein. Der jüngere Sohn sagte ganz einfach:
»Vater, ich habe *gesündigt!*« Und er wurde hineinge-
leitet.

Ich frage mich, was *du* sagst. Wie oft habe ich gebetet:
»Vater, ich habe gedient! Vater, ich habe mich angestrengt! Hilf mir, daß ich mich noch mehr anstrengen
kann!« Doch so bin ich niemals gesegnet worden. Es
bedeutet nämlich, daß ich durch Werke versuchte, hineinzukommen und Erweckung durch eigene Gerechtigkeit zu erfahren.

Es gibt nur *einen* Weg zum Segen: du mußt deinen
Platz als Sünder einnehmen.

Ich habe herausgefunden, daß ich nicht zwei Dinge zur
gleichen Zeit tun kann, ich kann nicht gleichzeitig Buße
tun und darum ringen, besser zu werden. Wenn ich ringe,
lebe ich nicht in der Buße. Wenn ich Buße tue, ringe ich
nicht. Dann kann ich nur noch ausrufen: »Herr, ich bin
solch ein Versager! Ich bin so verkehrt! Ich bin zu
schwach, um auf dem Feld zu arbeiten! Ich bin nicht
wert, ein Christ genannt zu werden!«

In dem Augenblick, da du diese Stellung einnimmst,
siehst du Jesus, siehst du das Kreuz; und du siehst am Fuß
des Kreuzes eine geöffnete Tür. Diese Tür ist zur ebenen
Erde geöffnet. Im nächsten Augenblick bist du hindurch,
bist im Festsaal, während der andere, der sich auf sein
Dienen oder Ringen beruft, niemals hineinkommt.

Schau, wenn du gesättigt werden möchtest, wenn du
Frieden mit Gott suchst, wenn du aus der Hungersnot

heraus in die Fülle hineinkommen willst, dann wirst du *nur hineinkommen als ein Sünder*. Du wirst nicht hineinkommen als ein *»besserer Christ«*.

Vielleicht denkst du: Ich muß nur noch ein ganz klein bißchen besser werden, um hineinzukommen! Aber du wirst entdecken, daß du gerade dieses kleine Bißchen nicht schaffst. Um hineinzukommen, kann man das Kreuz Christi nicht umgehen.

Aber der Christ, der anfängt, Buße zu tun, der bekennt: »Herr, ich versage so oft! Ich bin nicht wert, daß man mich Christ nennt!«, genau der wird von dem Herrn Jesus zum Fest geführt.

Das ist's, was diese Geschichte uns zu sagen hat. Wir müssen als Bettler zu Gott kommen.

Manchmal nähern wir uns Gottes Haustür und bitten: »O Gott, hilf mir, ich habe mich sehr abgemüht! Weißt du, Herr, da sind so schwierige Menschen, mit denen ich zusammenleben muß! Bitte, gib mir deine Liebe und Geduld für sie!« Und der Herr antwortet: »Du bist an die falsche Tür geraten. Bitte nicht um Liebe! Geh als Bettler zur Hintertür und bekenne deinen Haß!«

Du sagst: »Herr, ich brauche etwas Kraft!« Jesus sagt: »Geh zur Hintertür und bekenne, wie schwach du bist!«

Wenn wir positiv um einen Segen bitten, mit einem wunderschönen und sehnsüchtigen Gebet, dann klopfen wir an Gottes Haustür. Bettler kommen nicht an die Haustür. Bettler gehen zur Hintertür. Und du bist ein Bettler. Aber du gibst es nicht zu. Es ist nicht besonders demütig, Gott um Liebe und Kraft zu bitten. Gott erwartet von uns, daß wir zur Hintertür gehen und das Gegenteil bekennen, eben das, was uns fehlt. Und Gott sagt: »Wenn ihr zur Hintertür geht, dann findet ihr sie weit offen. Da wartet mein Sohn auf euch. Er ist ein

Fachmann für Bettler. Bei der Hintertür findet ihr das Kreuz.«

Wenn du als Bettler zur Hintertür kommst, wirst du nicht abgewiesen, du wirst zum Fest hineingeführt.

Wenn du sagst: »Vater, ich habe gedient«, dann bedeutet das, daß du zur Haustür kommst. Und da kommt man so nicht hinein.

Wenn du sagst: »Vater, ich habe gesündigt«, stehst du als Bettler vor der Hintertür. Und da ist Jesus. Der geht mit Bettlern unendlich liebevoll um. Er liebt die Sünder. Und in dem Augenblick, wo du deine Sünde bekennst, beginnt für dich das Fest.

Nicht nur ist deine Sünde augenblicklich vergeben, er selbst lebt in deinem Herzen. Er befriedigt dich endlich wieder ganz und gar. Dein ganzes christliches Leben wird erneuert – nicht wenn du sagst: »Ich habe gedient«, sondern wenn du, am Fuß des Kreuzes zerbrochen, sprichst: »O Vater, ich habe gesündigt!«

Diesen Weg wollte der ältere Sohn nicht gehen. Er stand da und sagte: »Vater, ich habe gearbeitet!« Er meinte, es müßte doch als Belohnung für sein Rechttun einen Segen für ihn geben.

So denkt jeder von uns von Natur, bis ihm der Heilige Geist die Wahrheit zeigt. Jeder hofft auf einen Segen aufgrund seiner Anstrengungen. Darum geben wir uns solch große Mühe. Dabei müssen wir erfahren, solange wir auf der Grundlage unserer Rechte stehen, sind wir sehr anfällig für Eifersucht. Der ältere Sohn war neidisch auf den jüngeren. Er sagte: »Siehe, so viele Jahre diene ich dir und habe dein Gebot noch nie übertreten, und du hast mir nie einen Bock gegeben, daß ich mit meinen Freunden fröhlich gewesen wäre. Nun aber, da dieser dein Sohn gekommen ist, der dein Hab und Gut mit

Huren verpraßt hat, hast du ihm das gemästete Kalb geschlachtet.« Das war Neid. Denn er fand: »Ich habe gedient!« Hätte er zugegeben: »Ich habe gesündigt«, dann wäre er nicht eifersüchtig gewesen auf seinen Mit-Sünder. Die Eifersucht wächst auf dem Boden der Selbstgerechtigkeit. Du siehst, daß andere mehr haben als du. Gott schenkt ihnen mehr Gnadengaben. Das findest du nicht fair. Ich habe doch mein Bestes getan, aber Gott hat mir nicht gegeben, was er dieser anderen Person schenkt! Ihr hat er einen Freund gegeben – mir nicht! Und du bist eifersüchtig. Oder du beneidest den anderen um sein Haus oder seine bessere Stellung. Neid kann sogar in der Gemeinde am Werk sein. Es ist etwas Schreckliches um den Neid!

Neid macht dich niemals froh. Neid macht dich kritisch dem anderen gegenüber. Viel Ungutes ist schon durch Neid entstanden. Und dahinter steckt die Tatsache, daß wir auf unserem Recht bestehen. Wir haben niemals wirklich den Platz des Sünders eingenommen. Wir sind nicht zum Vater zurückgekehrt und haben bekannt: »Vater, ich habe gesündigt.« Manche von uns sind noch immer abseits vom Fest, ständig an der Arbeit für Gott, in ihrem Herzen neidisch auf diesen und jenen. Eifersucht ist die einzige Sünde, die überhaupt keinen Spaß macht. Weder dir noch mir wird sie jemals etwas bringen. O wäre ich doch nur am Platz des Sünders – dann käme ich endlich zur Ruhe!

Aber das ist noch nicht alles. Wenn du auf dem Boden deines Rechtes stehst, dann muß nur jemand über dich sprechen oder dich in einer Weise behandeln, die du nicht verdient zu haben meinst, und schon ist Groll in deinem Herzen. Ich weiß, der andere ist im Unrecht. Aber was ist da plötzlich in meinem eigenen Herzen? Ich versuche, es zu unterdrücken. Aber es kommt immer wieder hoch. Ich werde ärgerlich auf diese Person. Ich grolle ihr. Wenn nur jemand ihren Namen erwähnt, dann steht alles wieder vor meinem inneren Auge.

Da ist Nachtragen in meinem Herzen, weil ich auf dem Boden meiner eigenen Gerechtigkeit stehe. Es ist mir nicht klar, daß ich von Rechts wegen in der Hölle sein müßte. Das ist es nämlich, was wir Sünder verdienen. Aber Gott handelt mit uns gemäß seiner wunderbaren Gnade.

Wenn wir über unsere Rechte nachdenken und nicht den Platz des Sünders einnehmen, dann sind wir sehr leicht verwundbar. Vielleicht gibt es sogar Menschen in deiner engsten Umgebung, gegen die du Groll in deinem Herzen hegst.

Noch etwas geschieht, wenn wir auf dem Boden unseres eigenen Verdienstes stehen. Wenn wir sagen »Ich habe gedient«, dann hat das Verzweiflung zur Folge. Du sagst: »Wenn ich nur besser dienen könnte, dann wäre ich bei dem Fest! Dann wäre mir Jesus eine Realität in meinem Alltagsleben. Wenn ich nur so richtig beten könnte, dann wäre alles anders. Aber es sieht so aus, als schaffte ich das nie. Ich kann nicht das kleinste bißchen besser werden!« Du versuchst es und versagst immerzu. Und du kommst nie zum Fest. Andere Christen gelangen hinein, du aber nicht.

Kürzlich kam ein Bruder zu mir und erzählte, wie es ihm ging. Er sagte: »Ich bin im Lande Moab; in meiner Seele ist eine Hungersnot. Ich versuche zurückzukehren. Alles ist tot. Ich kann nicht beten.« (Vergl. Ruth 1)

Ich sagte zu ihm: »Bruder, du versuchst, zur Haustür hineinzukommen. Aber es gibt eine Tür, die offensteht, du mußt als Bettler dahin kommen. Geh zur Hintertür!

Und anstatt zu versuchen, besser zu werden, bekenne, wie leer du bist. Bekenne, wie verkehrt du bist.« Da hörte er mit seinen Bemühungen auf, zur Haustür hineinzukommen. Und er kam als Bettler zur Hintertür, zum Kreuz. Danach ging er nach Hause als einer, der jubeln konnte vor Freude am Herrn. Welche Verzweiflung war vorher in seinem Herzen gewesen!

Wie herrlich ist es doch, anstatt auf seinen Dienst zu pochen, als Bettler zu gestehen: »Ich habe gesündigt! Ich habe nichts zu bringen!« Dann merkst du: Jetzt komme ich durch!

Einige von uns haben sich so mit der Haustür abgemüht, während die Bettlertür die ganze Zeit offenstand. Ich kann dir sagen: die Kraft des Blutes Jesu ist so groß, daß du immer wieder eintreten kannst. Genau das erlebte der jüngere Sohn, aber der ältere nicht.

Ich frage mich: gelangte der ältere Sohn am Ende doch noch in den Festsaal?

Ich weiß es nicht, aber ich bin überzeugt, daß er sich in dem Fall zuerst mit seinem Bruder versöhnen mußte. Er mußte zu ihm hingehen und sagen: »Bruder, es tut mir leid, ich habe dich kritisiert, ich bin so eifersüchtig auf dich gewesen!«

Erinnerst du dich, wie er zu seinem Vater sagte: »Dieser dein Sohn hat dein Vermögen verpraßt«, und was der Vater antwortete? »Dieser dein Bruder ist nach Hause gekommen!« Der Ältere sagte: »dieser dein Sohn...«, der Vater hingegen: »dieser dein Bruder...«

Machen wir es nicht oft ebenso? Behaupten wir nicht sinngemäß vor Gott: »Dieser dein Sohn ist so schwierig, mit dieser deiner Tochter kann man kaum auskommen.« Wir sagen immer wieder: »dieser dein Sohn!« Weißt du, was Gott dir antwortet? – »dieser dein Bruder!«

Und wenn du durch das Kreuz zum Fest hineinkommst, dann wirst du mit »diesem deinem Bruder« zu reden haben.

Einer meiner afrikanischen Freunde – jetzt bereits in der Herrlichkeit –, den Gott in besonderer Weise in der ostafrikanischen Erweckung gebraucht hatte, kam um zwei Missionare auf der Missionsstation zu besuchen. Der eine von ihnen war der Leiter der Schule, der andere der Gemeindepastor. Am Abend saßen sie beisammen, und dieser afrikanische Bruder wandte sich an den Pastor mit der Frage: »Bist du eins mit deinem Bruder hier? Bist du wirklich eins mit ihm?« Und bevor der Bruder antworten konnte, wandte er sich an den zweiten und fragte: »Bist du wirklich eins mit deinem Bruder?« Beide senkten den Kopf. Sie waren nicht eins. Sie hatten in gewisser Weise zu Gott gesagt: »dieser dein Sohn…« Sie liebten einander nicht. Sie hatten viel aneinander auszusetzen. Aber an dem Tag war es, als sagte der Herr Jesus zu ihnen: »dieser dein Bruder!« Und sie fingen an, einander in die Augen zu schauen. Sie bekannten, daß sie sich falsch gegeneinander verhalten hatten. Sie hatten sich nicht geliebt, sie hatten kritisiert, obwohl das nach außen hin kaum spürbar gewesen war. Dann aber kamen sie zum Kreuz Jesu. Der Heilige Geist konnte in neuer Weise auf dieser Missionsstation wirken. Menschen kamen zum Glauben an den Herrn Jesus.

Der ältere Sohn in unserem Gleichnis versuchte, auf die falsche Weise hineinzukommen, nämlich durch seine Anstrengungen, anstatt mit dem Bekenntnis: »Vater, ich habe gesündigt!« – Der jüngere Sohn kam hinein aufgrund seines Bekenntnisses. Und auf dieselbe Weise können wir hineinkommen: auf dem Weg des Kreuzes, durch das Blut Jesu.

Das ist der einzige Weg, um die Erlösung neu zu erfahren. Bist du bereit, am Fuß des Kreuzes den Platz des Sünders einzunehmen?

Roy Hession
Nicht ich – sondern Christus
144 Seiten, Bestell-Nr. 55708

Eifersucht, Ichbezogenheit, Ungehorsam, Geltungsbe-
dürfnis – sind das nicht Probleme, die den Christen oft
betreffen, über die aber wenig gesprochen wird? Hier
geht der bekannte englische Autor auf diese Dinge ein,
indem er die bekannte Geschichte von Saul und David
sinnbildlich heranzieht.
Roy Hession behandelt in dieser »Illustration« – aus der
ganzen Überzeugung des Lebens und Glaubens – wichti-
ge Wahrheiten, die auch dazu beitragen, das Alte Testament ganz neu zu entdecken.

Warren W. Wiersbe
. . . damit ihr vollkommen seid
154 Seiten, Bestell-Nr. 56611

Nicht jeder, der an Lebensjahren zunimmt, wird auch
reifer. Es besteht ein beträchtlicher Unterschied zwischen Alter und Reife. Im Idealfall sollten wir um so
reifer sein, je älter wir sind, aber zu oft wird aus dem
Ideal nicht die Wirklichkeit.
Als Pastor sieht der Verfasser, daß mehr Probleme auf
diesen Gebieten durch Unreife als durch irgend etwas
anderes verursacht werden. Wenn Christen innerlich
recht reiften, würden sie Sieger statt Besiegte werden.

Bitte fragen Sie in Ihrer Buchhandlung nach diesen Büchern!